AF313171

HISTORIQUE

DU

3ᴱ RÉGIMENT DE HUSSARDS

DE 1764 A 1887

D'APRÈS LES ARCHIVES DU CORPS, CELLES DU DÉPÔT DE LA GUERRE

ET AUTRES DOCUMENTS ORIGINAUX

PAR

Raoul DUPUY

CAPITAINE-COMMANDANT AU 3ᵉ DE HUSSARDS

PARIS

LIBRAIRIE FRANÇAISE

ALPHONSE PIAGET, ÉDITEUR

16, RUE DES VOSGES, 16

M DCCC LXXXVII

PRÉFACE

Le meilleur moyen, à mon avis, de donner aux hommes qui servent leur pays une vraie et solide éducation morale, c'est de parler à leur esprit par le récit des hauts faits accomplis dans le corps auquel ils appartiennent. Puisse ce résumé succinct des souvenirs de gloire et des beaux exemples que nous ont légués nos devanciers, servir de leçon aux jeunes hussards du 3e !

Puisse-t-il les rendre fiers du numéro qu'ils portent, augmenter en eux le désir du travail, la passion du bien et l'amour de la Patrie !

J'aurai atteint mon but, s'il donne aux instructeurs du régiment les moyens de mettre en pratique les prescriptions de la circulaire ministérielle du 31 octobre 1878, ainsi conçue :

« Pendant les théories dans les chambres, on s'efforcera d'ins-
« pirer aux hommes le respect de l'uniforme, l'amour du drapeau
« et de la Patrie.

« On frappera leur imagination en citant souvent les hauts faits
« auxquels les officiers et les soldats du corps ont pris part, et en
« leur rappelant des exemples remarquables de bravoure, de dis-
« cipline et d'abnégation militaire. »

NOTICE

SUR

L'ARME DES HUSSARDS

En 1692, pendant que le maréchal de Lorges commandait l'armée du Rhin, un lieutenant de houssards nommé Brignoff et un cornette nommé Pohandy quittèrent l'armée de l'Empereur et vinrent au camp français. En même temps, un gentilhomme, le baron de Kromberg, arrivait à Strasbourg, vêtu à la hongroise, et vint offrir de servir le Roi.

Envoyé à la cour, avec les deux officiers nommés ci-dessus, il proposa de lever un régiment de houssards, ce qui fut accepté à la date du 19 octobre 1692, moyennant cent écus par houssard monté et équipé.

Kromberg se rendit à Strasbourg pour lever son régiment et le recruta de déserteurs provenant des deux régiments de houssards Kalomitz et Balfi de l'Empereur. Ce régiment servit en 1693, sous Monseigneur le Dauphin. Ce prince en fut très mécontent.

L'hiver suivant, le Dauphin en parla au Roi et fit donner le régiment à M. de Mortany qui sortait des troupes du prince de Wurtemberg et qui était venu offrir ses services.

Pendant cette campagne de 1693, Kromberg, qui avait juoé l'argent qu'il avait reçu, sortit de France. Le régiment de Mortany fut employé en Flandre jusqu'à la paix de Ryswick (1697) et fut alors licencié.

Les meilleurs éléments de ce régiment, versés dans Royal-Allemand, en furent retirés en 1701 pour former des compagnies que l'on distribua entre les fractions de l'armée d'Allemagne. En 1705, ces compagnies formèrent un régiment sous les ordres et au nom du marquis de Verseilles.

Un autre régiment de houssards, amené en 1701 par l'Électeur de Bavière, notre allié, et commandé par M. de Saint-Geniès, prit rang dans l'armée française en 1706.

Un troisième régiment servait à cette même époque en Italie.

Ces trois corps, les seuls qui aient combattu sous Louis XIV, sous cette dénomination, n'ont pas survécu aux réformes, mais il y a toujours eu des houssards en France depuis 1701.

D'après le baron Baude, *hus'ar* veut dire en hongrois : *Vingt sous*. C'était, paraît-il, la solde journalière du cavalier de cette arme.

Les houssards ont fait partie de la cavalerie proprement dite jusqu'à l'année 1779.

Louis XVI les a séparés de ce corps par ses ordonnances du 22 août 1779 lorsqu'il créa la charge de colonel-général des hussards, en faveur du duc de Chartres.

Jusqu'à l'année 1790, les régiments de hussards ont marché immédiatement après les régiments de cavalerie et de chevau-légers.

Le recrutement des hussards se faisait, d'ordinaire, par des volontaires de la Lorraine et des bords du Rhin, depuis Bâle jusqu'à Coblentz.

Chaque régiment avait un uniforme d'une couleur distinctive et un shako en feutre noir recouvert de drap à la couleur du régiment; il portait le nom du colonel-fondateur.

Les hussards avaient, d'après l'ordonnance du 8 janvier 1737, comme tous les autres corps de troupes à cheval, deux étendards par escadron, portés dans les deux premières compagnies de chacun d'eux. L'ordonnance du 21 décembre 1762 supprima les étendards dans les régiments de hussards. Ils furent rétablis le 9 juin 1772 au nombre de deux par régiment. Les porte-étendards sont attachés aux compagnies du mestre de camp en second et du lieutenant-colonel. Le 17 mars 1788, chaque escadron a son étendard.

Esterhazy portait le soleil et la devise : « *Il en vaut plus d'un* ».

ORIGINE DU RÉGIMENT

Le régiment de Hussards-Esterhazy fut levé le 10 février 1764, par le mestre de camp comte Esterhazy.

Il fut formé à Phalsbourg en octobre de la même année et composé d'un escadron de chacun des trois régiments de hussards de Bercheny, de Chamborant et de Nassau. Il reçut en 1776 le 4ᵉ escadron de Nassau.

L'uniforme qu'il porta d'abord se composait d'une pelisse et d'une veste de couleur verte, parements et retroussis blancs, culotte blanche, shako noir ; l'équipage en peau d'agneau bordée de festons en drap gris blanc.

C'est en 1776 qu'il prit la culotte rouge, la pelisse et le dolman gris argentin.

Il occupait le trente-cinquième rang dans la cavalerie française, et le quatrième parmi les régiments de hussards ; le cinquième en 1789 ; il prit le numéro 3, le 1ᵉʳ janvier 1791.

En exécution de l'ordonnance du 12 mai 1814, le 3ᵉ de hussards prit le nom de régiment du Dauphin ; puis le 30 août 1815, celui de régiment de hussards de la Moselle, jusqu'en 1825, époque à laquelle il reprit celui de 3ᵉ régiment de hussards.

PREMIÈRE PARTIE

1764 à 1815

Les garnisons qu'Esterhazy occupa depuis sa création jusqu'à l'ouverture des hostilités en 1792 furent les suivantes :

1764, Phalsbourg et Sarrebourg ; 1765, Mouzon et Clermont-Ferrand ; 1767, Mirecourt ; 1769, il se rend au camp de Verberie, et après le camp, il est partagé entre Charleville et Stenay ; 1770, Verdun ; 1772, Joinville et Sarrebourg ; 1774, Saint-Mihiel ; 1775, Soissons, Laon et Château-Thierry ; 1776, Rocroy ; 1777, Metz ; 1779 à 1789, Saint-Omer, Rouen, Rocroy et Compiègne ; 1790, Sedan.

1791

CAMBRAI

Le décret du 1er janvier 1791, ordonne au régiment Esterhazy de prendre à l'avenir le nom de 3e régiment de hussards.

1792

3ᴱ RÉGIMENT DE HUSSARDS

CAMBRAI

ÉTAT-MAJOR

Colonel.	MM. Prince de Salm-Kyrbourg
Lieutenants-colonels (1)	de Froissy
id	Luckner
Quartier-Maître-Trésorier.	Bouchotte (rang de lieutenant)

CAPITAINES

Commandants	*En second*
MM. Kocbelé	MM. Frantz-Georger
d'Orb	Bouchotte
d'Ourviller	du Mesnil
Carrové	

LIEUTENANTS

En premier	*En second*
MM. Mathis	MM. Louis de Langenhagen
de Langenhagen	de Wiedelange
de Nadafty	Putzmann
d'Hoën	la Nougaride

SOUS-LIEUTENANTS

MM. Parisot	MM. Louis Penn
Rengebrod	de Valensolc
Moush	de Manior
Ohl	Souyns
de Polleresky	Dupuis
Mussel	Marx
de Phaffenhoffen	Frigel
Kern	Holossy

---

1. Par décret du 1ᵉʳ janvier 1791, les majors prennent rang de lieutenant-colonel.

1792

Campagne du Nord ou de Flandre. — A la suite de la Révolution, la France avait été mise au ban de toute l'Europe. L'Autriche et la Prusse, qui craignaient pour leur trône la contagion des idées françaises, mais qui songeaient aussi à profiter de nos agitations intérieures pour s'agrandir à nos dépens, avaient signé au château de Pilnitz, en Saxe, une déclaration que l'on pouvait regarder comme une menace d'intervention. Vers la fin de décembre 1791, des forces imposantes se massèrent autour de nous, principalement sur la frontière de l'Allemagne. L'Assemblée accepta tous les dangers de la lutte et, sur la proposition de Louis XVI, elle déclara la guerre à l'Autriche (20 avril 1792).

On résolut de commencer les hostilités par une invasion ; Dumouriez fut chargé de la conquête de la Belgique, occupée par les alliés.

Rochambeau avec 48,000 hommes couvrait le Nord, de Dunkerque à Philippeville.

A cette époque, le régiment, fort de 666 hommes et 615 chevaux, tenait garnison à Cambrai ; il fit partie de cette malheureuse expédition que le général de Biron conduisit de Valenciennes sur Mons.

Le 28 avril, pendant cette marche, le régiment, ayant à sa tête le colonel de Froissy et formant l'avant-garde, rencontra les uhlans autrichiens et les chasseurs tyroliens, dans le village de Boussu ; il les repoussa, mais son lieutenant-colonel, Cazanove, ayant eu son cheval tué sous lui, fut fait prisonnier.

Retraite de Mons (30 avril).— Le général de Biron, ayant appris la défaite d'un corps français envoyé à Tournay, donna l'ordre de la retraite . . . .
. . . . « Le 30, au point

« du jour, je commençais ma retraite, et je donnais le comman-
« dement de mon arrière-garde à M. de Rochambeau, maréchal
« de camp, et à M. de Froissy, colonel du 3ᵉ de hussards, sous
« ses ordres. Je ne puis donner trop d'éloges à la conduite ferme
« et intelligente de M. de Rochambeau, et je trouve quelque
« consolation à déclarer publiquement que je lui dois, ainsi qu'à
« M. de Froissy, le bonheur d'avoir fait ma retraite jusqu'à Quié-
« vrain sans avoir été entamé le moins du monde (1). »

Le 1ᵉʳ mai, les escadrons de guerre rejoignent le dépôt à Cambrai.

Le 11, le colonel de Froissy reçoit l'ordre de former des escadrons de guerre à cent cinquante hommes chacun.

Reprise de Bavay (17 mai). — Les Autrichiens s'étaient emparés
de Bavay (2) à cinq heures du matin, après en avoir repoussé les
troupes qui l'occupaient, et au nombre desquelles était un peloton
de vingt-cinq hommes du régiment. Le général de Noailles, envoyé
aussitôt avec une avant-garde de huit escadrons des 1ᵉʳ et 5ᵉ de
chasseurs et du 3ᵉ de hussards pour reprendre Bavay, s'y porta
rapidement et l'enleva à onze heures du matin.

Le 19, le maréchal de Rochambeau remet le commandement au
maréchal Luckner.

Le 1ᵉʳ juin, le 3ᵉ de hussards fait partie de l'armée du Nord.
Le dépôt quitte Cambrai et va à Lille.

Le 25, trois escadrons font partie de l'avant-garde de l'armée
aux ordres du général Jarry.

Le 27, à la prise de Courtray, trois hussards du régiment traversèrent l'armée prussienne pour porter des dépêches au général
Wimpfen, assiégé dans Thionville.

Mouvement sur Metz (12 juillet). — Le maréchal Luckner,
d'après les ordres du Roi, marcha avec une division composée de

---

1. Extrait du compte rendu de l'expédition de Mons, par le général de Biron, commandant, au Ministre de la Guerre.
2. Petite ville située entre Valenciennes et Maubeuge.

dix-sept bataillons et vingt escadrons, dont trois du 3ᵉ de hussards, formant la première ligne de l'armée du Nord ; il arriva le 27 à Longeville, près Saint-Avold, y établit un campement, et y resta jusqu'au 4 août. Le maréchal se rendit de là au camp de Richemont entre Metz et Thionville et y séjourna jusqu'au 24.

La reddition de Longwy obligea le maréchal Luckner à se replier de Richemont et de Fontoy sur le camp de Frescaty, près Metz, où il s'établit, la droite à la chaussée de Metz à Pont-à-Mousson, ayant la Moselle devant lui, et derrière, le château de Frescaty.

Marche sur Mayence (15 juillet). — L'armée se mit en mouvement le 15 juillet pour aller au secours de Mayence ; le 3ᵉ de hussards faisait partie de l'avant-garde commandée par le général de brigade Omerschweiller.

Au passage de la Blies à Neukirchen, cette avant-garde rencontra l'ennemi près d'Ober-Weillerhoff, et eut avec lui un engagement dans lequel le régiment fit vingt-huit prisonniers. La marche ne fut point retardée ; on campa le 21 à Scheenemberg, le 22 à Pétershein et le 23 sur les hauteurs de Cassel ; mais la place de Mayence capitula le jour même dans la soirée.

Le 10 août, trois escadrons sont au camp de Thionville.

Le 1ᵉʳ septembre, pendant le siège de cette ville, trois hussards du régiment s'offrirent pour porter à Metz une lettre du commandant de la place.

Ils traversèrent, au milieu d'une grêle de balles, l'armée autrichienne ; deux sont tués, Honel et Dorledin ; le troisième, Bastoul, blessé, arrive le sabre à la main sur un groupe d'Autrichiens, se bat en désespéré, se dégage, arrive à Metz, remet sa lettre au général français et presque aussitôt il meurt.

Trait de courage qui rappelle celui des soldats de l'antiquité. Après la défaite de l'armée de Darius par Miltiade, à Marathon, un soldat fut chargé de porter à Athènes la nouvelle de cette brillante victoire ; arrivé devant les magistrats de cette ville, il n'a

que la force de dire : « Réjouissez-vous, nous sommes vainqueurs, » et il tombe mort à leurs pieds.

Le 5, pendant le même siège, le hussard Fohr, pour porter et
rapporter des dépêches, traverse deux fois l'armée ennemie.

Le 8, les trois escadrons passent à l'armée du Centre, commandée par le général Kellermann.

Le 15, l'armée du Centre se porte de Frescaty sur Pont-à-
Mousson, où elle reçoit un renfort de huit cents hommes venant
de l'armée du Rhin.

Bataille de Valmy (20 septembre). — La bataille commença
dès sept heures du matin entre les avant-gardes françaises (dont
faisait partie le 3ᵉ de hussards) et les avant-gardes prussiennes.
Le brouillard se leva et à dix heures et demie l'armée prussienne
put voir les Français formés en bataille. Le général Kellermann,
commandant en chef l'armée française, parcourut le front de l'armée encourageant chaque régiment. Les paroles du général en
chef furent saluées par les cris unanimes de : « Vive la nation ! »
Après une canonnade de plusieurs heures, les colonnes prussiennes s'élancèrent deux fois à l'assaut des hauteurs de Valmy ;
deux fois elles reculèrent devant nos soldats qui marchaient pour
les recevoir la baïonnette en avant. Alors le duc de Brunswick,
étonné de l'attitude de nos troupes, surpris aussi des dispositions
de la nation, qui étaient tout autres que ne le disaient les émigrés,
commença son mouvement de retraite et repassa la frontière.

Le 9 novembre, le 3ᵉ de hussards reçoit l'ordre de quitter ses
cantonnements de Valmy, de Sainte-Menehould et Dammartin,
pour se rendre à l'avant-garde de l'armée du Nord, campée sous
Tournay.

Le 22, le régiment fit son entrée à Gand, que le général autrichien Latour abandonnait pour se diriger sur Alost.

Le général Miranda remplace le général La Bourdonnaye, dans
le commandement de l'armée du Nord.

Le 5 décembre, le général Miranda met l'armée du Nord en
mouvement pour se diriger sur la Meuse, avec l'armée combinée

de la Belgique et des Ardennes, que commandait le général Dumouriez.

Les escadrons du régiment font partie de l'avant-garde du général Neully et entrent le 26 en cantonnement à Paër.

1793

Le 1ᵉʳ janvier, trois escadrons du 3ᵉ de hussards sont réunis au 5ᵉ de chasseurs, pour former, avec le 3ᵉ de dragons et les 3ᵉ, 6ᵉ et 18ᵉ régiments de cavalerie, la cavalerie de l'armée du Nord. Cette cavalerie est cantonnée sur la rive droite de la Roër.

Le 26 février, un détachement de cent cinquante hussards fut envoyé à l'armée de Belgique et fit les campagnes de 1793 et 1794. Au mois de mai, il se signala dans une affaire au Blaton contre les Autrichiens et les Hollandais réunis : une charge courageusement exécutée fit perdre à l'ennemi neuf pièces de canon et un grand nombre de prisonniers.

Le 1ᵉʳ mars, trois escadrons passent de l'armée du Nord à celle de la Moselle et occupent Thionville, Villiers et Longwy.

Le dépôt quitte Lille pour aller à Metz.

Le 5 avril, les deux premiers escadrons vont à Metz, le troisième reste à Thionville.

Le 14, le général de division d'Aboville prend par intérim le commandement en chef de l'armée de la Moselle.

Le 1ᵉʳ mai, le général Houchard prend le commandement en chef de l'armée de la Moselle. Le 3ᵉ de hussards est attaché à l'avant-garde stationnée à Sarrebrück.

Combat d'Arlon (7 juin). — Le régiment se distingua d'une manière toute particulière au combat d'Arlon ; il culbuta les chevau-légers de Rinsky et fit de nombreux prisonniers. Arlon renfermait des approvisionnements considérables. La prise de cette ville nous coûta cent quatre-vingt-quatorze hommes tués et six cent trente-deux blessés. La perte de l'ennemi fut de beaucoup plus forte.

Après cette affaire, les troupes retournèrent dans les positions qu'elles occupaient auparavant.

Le régiment fut dirigé sur Sarrelouis.

Au combat d'Arlon, le maréchal des logis Fohr avait fait un prisonnier et pris un cheval; tout à coup il aperçoit son capitaine poursuivi par deux chevau-légers, et prêt à tomber dans leurs mains. Il abandonne son prisonnier, son cheval et tout le butin qui lui appartenait, tombe comme la foudre sur ces deux cavaliers, les met en fuite et dégage son capitaine.

Armée des Pyrénées-Orientales. — Dans le courant de juillet, le dépôt du régiment envoya à l'armée des Pyrénées-Orientales deux escadrons qui y firent les campagnes de 1793-1794. Ils se distinguèrent dans différentes attaques contre les Espagnols qui avaient conçu le projet d'assiéger Perpignan. Dans un combat aux environs de cette place, ils chargèrent l'ennemi avec une telle vigueur, que les gardes wallonnes et une partie des carabiniers furent totalement défaits : vingt-six pièces d'artillerie et des caissons restèrent au pouvoir de l'armée française, ainsi que plus de deux mille hommes d'infanterie prisonniers.

Dans la nuit du 17 au 18 septembre, l'armée attaqua les Espagnols à Peyrestortes, le régiment chargea avec le plus grand succès.

L'ennemi fut forcé dans son camp, abandonna son artillerie et ses bagages; on lui fit une grande quantité de prisonniers.

Le 2 octobre, dans une attaque générale contre les Espagnols, les escadrons pénétrèrent dans le camp retranché du Bouton et poursuivirent l'ennemi jusque dans les montagnes.

Les résultats de cette journée le forcèrent d'évacuer entièrement le département des Pyrénées-Orientales et lui firent perdre beaucoup de monde, deux cents pièces de canon, tous ses caissons, mulets et équipages de montagne.

Le 20, l'ennemi attaqua l'armée française à Saint-Laurent-la-

Moujà, il fut repoussé par une charge vigoureuse qui lui fit perdre trois cents gardes wallonnes ainsi que le général qui les commandait.

Pendant que ces deux escadrons se couvraient de gloire à l'armée des Pyrénées-Orientales, les trois premiers, toujours à l'avant-garde de l'armée de la Moselle, ne restaient pas inactifs.

Le 12 septembre, un détachement de seize hussards du régiment et de quarante hommes d'infanterie des cantonnements de Rodemack et de Roussy, étant en reconnaissance sur la route de Thionville à Luxembourg, furent attaqués près d'Evrauge par une colonne ennemie de quinze à dix-huit cents hommes d'infanterie et six cents chevaux. Cette petite troupe, ne pouvant tenir contre une force aussi disproportionnée, se mit en retraite; l'infanterie se jeta dans les bois de Preich où une partie fut prise après avoir épuisé ses cartouches et l'autre partie sabrée. Les seize hussards, n'écoutant que leur courage, se précipitèrent au milieu des escadrons ennemis et parvinrent à se faire jour. Un fut démonté et deux autres blessés et pris, les treize autres rejoignirent leur capitaine Langenhagen aîné, qui s'était porté au pont de Runtjen pour les recueillir. Renforcés de trente de leurs camarades et de cent hommes d'infanterie, ces braves défendirent le passage jusqu'à l'arrivée de nouveaux renforts.

Le 1ᵉʳ octobre, le général Delaunay prend, par intérim, le commandement en chef de l'armée de la Moselle.

Le régiment fait partie de l'aile droite et stationne à Sarreguemines.

L'ennemi s'était établi sur la rive droite de la Sarre, de Mertzig à Eppingen, près de Bitche, où les Prussiens avaient un camp.

L'armée de la Moselle était sur la rive gauche de la Sarre, disséminée, gardant une étendue de frontière de vingt-cinq lieues et ayant à défendre quatorze ou quinze gués.

L'aile droite, dont le régiment faisait partie, était au camp de Sarreguemines.

Dans le courant d'octobre, il n'y eut que quelques petits engagements.

« Sarreguemines, 3 octobre 1793.

« Permettez, citoyen Ministre, que je vous entretienne de la
« bravoure avec laquelle le 3ᵉ régiment de hussards a agi dans
« trois actions consécutives ; il est au-dessus de tout éloge (1).

« *Signé* : Général Delaunay. »

Il y a maintenant un siècle que nos aînés du régiment méri-
taient cet éloge ; et quand nous relisons ces lignes glorieuses, nous
éprouvons la même émotion que les fils ressentent en songeant aux
vertus de leurs aïeux.

Le 31 octobre, le général Hoche est nommé commandant en
chef de l'armée de la Moselle.

Le 5 novembre, le régiment fort de quatre cent dix-neuf chevaux
fait partie de l'avant-garde (division Taponnier).

Le 9 décembre, le général Taponnier tenta de s'emparer de
Molenthal pour se porter sur Lembach, mais il échoua dans cette
entreprise.

Du 16 au 20, le régiment prit part à de nombreux engagements qui lui valurent les plus grands éloges de la part du général
Hoche.

Combats de Frœschwiller et de Wœrth (23 décembre).— La saison
était devenue très rigoureuse, le général Hoche voulut faire bara-
quer les troupes et donna ses ordres à cet effet. Le soldat, déjà
très fatigué de la campagne, espérait prendre ses quartiers d'hiver
et se refusa à la construction des baraques. Le parti que le général
prit en cette circonstance, pour arrêter les progrès de la mutinerie,
ne pouvait manquer de réussir avec des Français. Il fit mettre à
l'ordre : « *Que le régiment* qui avait exprimé le premier son mécon-
tentement *n'aurait pas l'honneur de marcher au premier combat.* »
Les soldats, sensibles à une punition qu'ils regardaient comme

---

1. Extrait du rapport du général Delaunay, commandant provisoirement l'armée de la
Moselle, au Ministre de la Guerre, sur l'affaire d'Horneback.

infamante, viennent les larmes aux yeux supplier leur général de révoquer son ordre, et de leur accorder comme grâce de marcher à l'avant-garde. Hoche y consent et bientôt ces braves justifient l'indulgence de leur général par des prodiges de valeur.

Le corps d'armée du général Hotz était retranché sur les hauteurs de Frœschwiller et de Wœrth. Ces positions couvraient les lignes autrichiennes établies en avant de la Moder. Hoche, malgré l'infériorité de ses forces, résolut d'attaquer les Prussiens. Il arrive le 21 décembre au soir en présence des premiers retranchements de l'ennemi : toute la valeur française était nécessaire pour les emporter. Les redoutes étaient disposées en échelons et garnies d'une nombreuse et formidable artillerie. Le général français fait marcher en colonnes séparées les trois divisions qui composent son armée. Deux devaient attaquer le front; la troisième, filant à travers les bois, était destinée à prendre les Prussiens en flanc. Le 22, l'attaque commence sur le front des retranchements. A la vue des obstacles qu'il faut franchir et surtout du triple rang de batteries qu'il faut emporter, les bataillons témoignent quelque hésitation. Le général en chef les ranime par une de ces saillies heureuses qui lui étaient familières, et qui sont presque toujours d'un grand effet sur un champ de bataille, surtout avec des Français, qui portent l'enjouement de leur caractère jusqu'au milieu de la mêlée la plus sanglante. « Camarades, s'écrie Hoche en parcourant les rangs, à six cents livres les canons prussiens. » Adjugé, répondent avec gaieté les soldats français, en se précipitant la baïonnette en avant sur l'ennemi. Celui-ci oppose la plus vigoureuse résistance. Son artillerie fait un feu terrible qui emporte des rangs entiers. Mais les assaillants n'en sont point ébranlés ; la première ligne des redoutes est forcée. Le général Dubois, qui combattait à la tête de l'avant-garde, est dangereusement blessé. Cet accident ne ralentit point l'ardeur de ses soldats, et bientôt ils s'emparent des seconds retranchements à travers les boulets, les obus et les balles des Prussiens, qui résistent dans les redoutes, en opposant la baïonnette à la baïonnette. Sur ces entrefaites, la colonne qui devait passer par les bois pour attaquer un des flancs de l'ennemi, venait d'achever son mouvement ; elle paraît tout à coup sur la gauche de l'armée et gravit les hauteurs. A sa vue, les deux autres colonnes poussent des cris de victoire. Les Prussiens effrayés sont obligés de dégarnir leur front de bataille, afin de s'opposer au mouvement de la nouvelle attaque. Hoche profite de cette circonstance pour imprimer un nouvel élan à ses troupes et pour les conduire aux derniers retranchements sur le sommet des hauteurs. En un moment, ces obstacles sont attaqués, franchis et emportés. Obligés de céder à l'impétuosité française, les Prussiens abandonnent dix-huit canons, vingt-quatre caissons et un champ de bataille couvert de leurs morts et de leurs blessés. Les canons, traînés devant le général Hoche par les soldats qui s'en étaient emparés, furent payés au prix de l'estimation fixée au commencement de l'action.

Le 3ᵉ de hussards se distingua dans cette journée ; il prit trois pièces de canon. Le hussard Oster, de la compagnie capitaine Erisey, enleva la première pièce et trancha la tête à un canonnier ennemi.

Le maréchal des logis chef Michel Kieffer, le maréchal des logis Jean Waldech et deux hussards s'emparèrent de la deuxième. Le brigadier Jean Christian et quelques hussards prirent la troisième.

Le principal avantage que le général Hoche retira de ces combats fut de prendre à revers les lignes autrichiennes établies sur la Moder, et de forcer les troupes alliées à se retirer sur la Lauter.

Armées de la Moselle et du Rhin. — Le lendemain des combats de Froeschwiller et de Wœrth, les Représentants du peuple, Lacoste et Baudot, donnèrent au général Hoche le commandement en chef des armées de la Moselle et du Rhin *(arrêté du 24 décembre 1793).*

Reprise des lignes de Wissembourg (26 décembre). — Les armées françaises et alliées étaient en présence, séparées seulement par un ravin. Les Autrichiens appuyaient leur droite à Roth, la gauche à Ober-Oterbach, les Prussiens gardaient les gorges de Dalm.

L'armée française s'étendait de Steinfels jusqu'au fond d'Ober-Lauterbach. Les divisions Taponnier et Lefebvre étaient entre Steinfels et Ingelsheim.

Le 26, à onze heures du matin, le général en chef fit attaquer l'ennemi. La première ligne autrichienne, déployée à mi-côte, fut culbutée à la baïonnette et mise en complète déroute.

La deuxième ligne, placée sur la crête des hauteurs de Geisberg, quoique soutenue par son artillerie et par une nombreuse cavalerie, ne put arrêter l'impétuosité des bataillons français. Les Autrichiens, battus sur tous les points, abandonnèrent leur position et se retirèrent en désordre sur Wissembourg et la rive gauche de la Lauter.

Dans ce combat, tous les corps rivalisèrent d'ardeur et de courage, le général Vernet, âgé de soixante-douze ans, enleva une redoute.

La cavalerie exécuta plusieurs charges brillantes.

Les Autrichiens perdirent dans cette affaire trois cents tués ou blessés, cinq cents prisonniers, deux drapeaux et seize canons.

Le général Hoche entra le 27 à Wissembourg et envoya douze mille hommes au delà de cette ville. L'ennemi se retira dans le plus grand désordre sur Bergzabem et Freckenfeld. Le général Desaix occupa Lauterbourg.

Le 28, toute l'armée marcha sur Landau, qui fut dégagée sans combat, vers neuf heures du matin.

Cette ville, défendue par le général Laubadère, avait été bloquée pendant cinq mois et bombardée deux fois.

Une foule de traits particuliers de dévouement, de patriotisme et de vertu militaire avaient honoré les Français pendant le siège de Landau et pendant le glorieux combat de Geisberg. Je regrette de ne pouvoir pas les consigner tous dans cet historique consacré à la gloire du 3ᵉ de hussards ; mais je rappellerai les plus authentiques.

Au moment de l'entrée des troupes dans Landau, la garnison était sous les armes. Les commissaires conventionnels, qui marchaient en tête de la colonne, crurent devoir complimenter les officiers de la garnison sur la belle conduite qu'ils avaient tenue. « Vous êtes une garnison bien étonnante! dit l'un de ces commissaires. — Étonnante! répondit un officier avec une noble énergie; eh! citoyen, il n'y a rien d'étonnant à faire son devoir. »

Lorsque l'armée française se mit en marche pour attaquer les lignes de Wissembourg, on voulait faire une distribution de vivres aux troupes :

« Nous n'en voulons avoir que rendus à Landau, » s'écrient les braves, par un heureux pressentiment de la victoire qu'ils allaient remporter.

Un boulet de canon emporte quinze files de l'un des rangs d'un bataillon qui marchait pour la première fois au feu. « Serrons les rangs, » s'écrient unanimement ces nouveaux soldats, et ils continuent de s'avancer sans désordre.

Un hussard du troisième régiment s'empara d'une pièce de canon en sabrant le canonnier prussien qui allait y mettre le feu, et en faisant fuir les autres.

La reprise des lignes de Wissembourg répandit dans toute la France un enthousiasme aussi grand que l'alarme causée auparavant par les progrès des alliés en Alsace. La Convention décréta des récompenses nationales pour tous ceux qui s'étaient distingués dans cette circonstance, et des indemnités pour tous les habitants de Landau qui avaient éprouvé des pertes pendant le siège.

Le 30, à neuf heures du matin, les Autrichiens repassèrent le Rhin à Philippsbourg et Manheim. Le duc de Brunswick, resté seul sur la rive gauche, fut poursuivi sur Neustadt.

Le même jour, le général Hoche demande au Ministre de la guerre un peu de repos pour ses troupes qui en ont grand besoin.

1794

Campagne du Nord. — Le 9 mars, le régiment quitte l'armée de la Moselle pour passer à celle du Nord, commandée par le général Pichegru.

Le 26 avril, le lieutenant Althener, à la tête d'un détachement de hussards, tombe sur les équipages de l'ennemi et lui prend cinq chariots.

Le 13 juin, le régiment est au camp de Zonnebeck.

Le 9 juillet, il est attaché à l'infanterie du général Macdonald de la division Souham.

Affaire devant Malines (15 juillet). — Le régiment continuant le service d'avant-garde se trouva à l'affaire qui eut lieu devant Malines ; il passa la rivière à la nage, avec un détachement d'infanterie de ligne et chassa l'ennemi de la position qu'il occupait. Cinq officiers hollandais, près de cent soldats et quarante pièces de canon tombèrent en son pouvoir.

Le 6 octobre, deux escadrons sont détachés à l'armée de Sambre-et-Meuse.

Le 31 décembre, le régiment est à Milhengen.

1795

Le froid était descendu à 17 degrés au-dessous de zéro. L'armée était tellement dénuée de tout, que le soldat, manquant de lambeaux d'étoffe pour couvrir sa nudité, y suppléait par de la paille ; les hommes, rongés de maladies, ressemblaient à des spectres.

Une chose les soutenait, c'était l'amour du drapeau. On l'a dit quelquefois : tels hommes sont d'un courage à toute épreuve lorsqu'il s'agit d'affronter le feu de l'ennemi; mais ils ne savent pas résister aux ennemis, aux fatigues et aux privations. L'armée française était douée de ce double courage : elle avait ce que les étrangers ont appelé la furie française; mais elle ne manquait pas de cette patience qui souffre, qui se raidit, qui espère et qui attend.

Dans le courant de janvier, quatre escadrons sont attachés à la division Michaud.

Le 25 février, le régiment se rend à Berg-op-Zoom et Bréda.

Le 1er mars, il est attaché à la division Lemaire et occupe Wouw, Ecken, etc… etc…

Le 4 avril, le général Moreau est nommé commandant en chef de l'armée du Nord.

Le 15, deux escadrons, détachés depuis le 6 octobre 1794 à l'armée de Sambre-et-Meuse, rallient à Almela.

Le 20, quatre escadrons sont attachés à la brigade Poncez, de la division Vandamme.

Le 10 mai, le général Vandamme se rend à Paris où il est appelé par le Comité de salut public, et passe le commandement de sa division au général Compère.

Le 3 juin, le régiment est à Zuphten, il fait partie de la 2e division, dite première du Centre, commandée par le général Macdonald.

A l'affaire de Liège, le régiment, dans une découverte, prend quatre pièces de canon à l'ennemi.

Le 13 juillet, deux escadrons (*deux cent trente-sept hommes et deux cent quatre-vingts chevaux*) sont à Rotterdam.

Le 11 septembre, les deux escadrons attachés à la division des côtes de Hollande sont à Rotterdam et Briel.

Le 16 décembre, quatre escadrons sont à La Haye.

1796

Le 30 mars, le général Beurnonville prend le commandement en chef de l'armée du Nord.

Pendant toute l'année 1796, le régiment ne fit aucun mouvement sérieux. Il occupa successivement La Haye, Rotterdam, Utrecht et Amsterdam.

1797

Le 20 janvier, le général Kléber commande en chef, par intérim, l'armée du Nord et de Sambre-et-Meuse.

Le 18 avril, le régiment, à la bataille de Neuwied enveloppe et fait prisonnière l'arrière-garde ennemie.

Au passage du Rhin, à Neuwied, le capitaine Schœny, chargé de s'emparer de la barrière de Diersdolfs, que défendait un corps ennemi, s'approcha de cette barrière, la franchit avec son cheval et, suivi de quelques hussards les mieux montés, traversa le bourg et fit mettre bas les armes à cinq cents hommes qui le gardaient.

Le 24, le capitaine Holossy et le lieutenant Reder chargent à la tête de leur escadron, prennent deux pièces de canon et font prisonnier un bataillon entier qui escortait ces pièces.

Le 9 septembre, les trois divisions de l'armée du Nord restent en Hollande, à la solde de la République batave.

Le 26 octobre, par arrêté du Directoire exécutif, l'armée du Nord est supprimée.

1798

Le 3ᵉ de hussards est attaché à la deuxième division.

Le 3ᵉ de hussards avait deux escadrons à l'armée de Mayence, le reste du régiment avec le dépôt occupait La Haye, Rotterdam et Gouda.

En novembre, il assista au siège de Diest, et fit la campagne contre les révoltés de Belgique.

1799

Le 30 mai, à l'affaire de Schrinheim, le régiment surprit et fit prisonnier un escadron de seklers.

Dans le courant d'octobre, à la prise de Heidelberg, il passa le Necker à la nage.

En novembre, près de Brucshall, le capitaine Schœny, commandant les avant-postes, débusqua du village d'Iklengen les hussards de Blankenstein, il en sabra sept lui-même et en prit onze avec treize chevaux.

1800

Le 1ᵉʳ janvier, quatre escadrons du régiment sont à Lambsheim, employés à la garde du Rhin, depuis Frisenheim jusqu'à Oppenheim.

Le 1ᵉʳ mars, le régiment fait partie du corps du Bas-Rhin.

Le 11, il passe à la division Lewal et occupe Mayence.

1801-1802

Il continua jusqu'à la paix d'Amiens (1803) de servir à l'armée du Rhin, époque à laquelle il rentra en France, pour aller tenir garnison à Compiègne.

Pendant cette période, le 3ᵉ de hussards resta toujours discipliné, fidèle au devoir, dévoué à ses chefs, et digne en tous points de la réputation qu'il s'était déjà acquise.

Ce sont là des vertus peu éclatantes et qui n'ont pas de retentissement dans l'histoire ; mais elles sont l'âme d'une armée, et la préparent insensiblement aux luttes glorieuses et aux grands triomphes.

———

1803-1804-1805

En 1803, le régiment tint garnison à Compiègne, passa les années 1804 et 1805 au camp de Montreuil et à l'armée des côtes, entre le Havre, Rouen et Chartres, et partit de là pour se rendre en Allemagne où il servit jusqu'en 1808, au 6ᵉ corps de la Grande Armée (*maréchal Ney*), embrigadé avec le 10ᵉ de chasseurs sous les ordres du colonel puis général Auguste Colbert.

Campagne d'Allemagne. — L'Empereur avait annoncé, le 23 septembre 1805, au Sénat, la conduite toujours hostile de l'Autriche, et déclaré qu'il allait se mettre à la tête de ses armées.

En vingt-quatre heures, tous les corps d'armée qui regardaient l'Angleterre, prêts à l'embarquement, firent demi-tour, et se précipitèrent sur l'Allemagne.

Le régiment passa le Rhin, le 26 septembre, vis-à-vis de Dourlach, et se porta jusqu'à Esslingen. Ce passage se fit avec apparat comme pour une grande fête ; l'ordre du jour disait : « Les troupes « seront en tenue de parade, culotte blanche, guêtres noires ; les « grenadiers ainsi que l'infanterie légère auront le bonnet en tête « avec le plumet. » On trouve dans le même ordre un détail curieux : « Toute l'infanterie, la cavalerie et l'artillerie porteront « des branches de chêne à leurs chapeaux, en signe de la victoire « que l'armée remportera sur les ennemis (1). »

Au passage du Rhin, par le régiment, un hussard sauva la vie à son capitaine, qui l'avait cassé de son grade de sous-officier, quelques jours auparavant. Napoléon, informé de ce trait généreux, le fit appeler et l'interrogea. « Sire, lui dit le hussard, je n'ai fait que mon devoir ; mon capitaine m'avait cassé pour quel-

1. *Mémoires du général Auguste Colbert*, t. III, p. 296.

ques fautes de discipline, mais il sait que je suis un bon soldat. »
Napoléon lui rendit ses galons de maréchal des logis.

Le régiment marchait en avant précédant habituellement les
divisions d'infanterie de 16 et jusqu'à 25 kilomètres.

Par ordre spécial de l'Empereur il se porta même tout d'une
traite de Goppingen à Giengen, poussant des reconnaissances
pour éclairer les défilés de Gundelfingen.

Les ordres de l'Empereur sur la manière de s'éclairer étaient
en général fort précis. Voici ce qu'il prescrivait à la brigade Colbert : « Les reconnaissances de cavalerie partiront avant le jour;
« on fera faire deux lieues par deux régiments, deux autres lieues
« par un régiment, une autre lieue par un escadron, une autre
« lieue par un piquet des mieux montés (1). »

Opérations du 6ᵉ corps autour d'Ulm. — « Après s'être emparé
« du pont de Gunzbourg, le maréchal Ney fit également occuper
« le pont d'Elchingen par la brigade Villatte. Dans la nuit du
« 10 octobre, elle se porta sur Ober-Elchingen, précédée par deux
« pièces de canon et un escadron du 3ᵐᵉ de hussards.

« Les hussards enlevèrent un poste avancé et se portèrent droit
« vers le pont défendu par un bataillon de Sporck fort de six cents
« hommes et par une pièce de canon. Cette troupe, effrayée de
« l'attaque impétueuse des hussards commandés par le capitaine
« Schœny, se retira précipitamment sur la rive droite, enlevant
« les planches du pont, de sorte que les cavaliers ne purent passer
« et restèrent quelque temps exposés à un feu très vif de mous-
« queterie et de mitraille, jusqu'à l'arrivée des carabiniers et des
« voltigeurs du 6ᵉ régiment d'infanterie, qui occupèrent définiti-
« vement le pont (2). »

Bataille d'Elchingen (14 octobre). — « La brigade Colbert passe
« sur le pont d'Ober-Elchingen rétabli et se met en bataille sur la
« rive gauche du Danube, dans les prairies.

1. Lettre de l'Empereur au maréchal Lannes (20 septembre 1805).
2. *Mémoires du général Colbert*, t. III, p. 330.

« L'infanterie de notre droite atteignait à peine le plateau et
« n'était pas encore formée, que le général Ney, la voyant menacée
« par l'infanterie ennemie et par cent cinquante cuirassiers envi-
« ron, ordonne au colonel Colbert, qui venait d'arriver avec le
« 10ᵉ de chasseurs et le 3ᵉ de hussards (*en tout deux cent quatre-*
« *vingt-dix chevaux*), de charger.

« Le 10ᵉ de chasseurs se lance sur l'ennemi, qui se forme en
« carré, le 3ᵉ de hussards suit avec le même élan. Déjà le 10ᵉ de
« chasseurs était à vingt pas des Autrichiens, lorsque le colonel
« Colbert voit que le 3ᵉ de hussards, qui chargeait à sa droite,
« déjà pris en flanc par les feux de l'ennemi, est menacé par les
« cuirassiers. Arrêtant alors le 10ᵉ de chasseurs, il fait une con-
« version à droite et dégage les hussards.

« Cette charge hardie avait coûté cinquante-cinq hommes tués
« ou blessés au 3ᵉ de hussards : MM. Geist, capitaine, Richard,
« lieutenant, Beaumetz, sous-lieutenant et une dizaine de hus-
« sards furent faits prisonniers après avoir valeureusement com-
« battu et avoir été démontés.

« Le chef d'escadrons Domont (*depuis général de division*), com-
« mandant le régiment en l'absence du colonel Lebrun (*fils de*
« *l'architrésorier*) qui faisait alors le service d'aide de camp auprès
« de l'Empereur, se distingua particulièrement à la tête des hus-
« sards du 3ᵉ, il chargea deux bataillons qui avaient avec eux
« cinq pièces de canon. Frappé d'une balle au cou, le brave
« Domont tomba de cheval dans la mêlée : sa chute fut le signal
« de la victoire. Les hussards renouvelèrent la charge avec tant
« de vigueur et de précision, que les deux bataillons mirent
« bas les armes et furent pris, ainsi que les cinq pièces d'artil-
« lerie. Domont fut relevé et ramené en triomphe par ses hus-
« sards (1). »

Cette charge avait ébranlé l'ennemi et donné le temps à notre
infanterie de se former. Les deux régiments, ou plutôt les deux
escadrons s'apprêtaient à charger de nouveau, lorsque deux régi-

---

1. *Victoires et conquêtes des Français*, t. XXI, p. 142.

ments de dragons, dont le 18°, chargèrent le carré autrichien et l'enfoncèrent.

Le colonel Colbert, qui avait rallié une partie de son monde, voyant une grosse colonne autrichienne qui marchait en désordre sur Unter-Elchingen, conserve un peloton de hussards pour contenir un escadron de cuirassiers qui menaçait de le prendre en queue, puis, avec le reste, il charge la colonne d'infanterie. En peu d'instants elle est rompue, sabrée, on s'empare de deux drapeaux ; seize à dix-huit cents hommes mettent bas les armes ; le général Malachias de Hermann et tous ses officiers sont faits prisonniers.

Dans cette deuxième charge, le colonel Colbert eut son cheval tué sous lui.

Bien que la conduite des prisonniers eût fort diminué sa petite troupe, il rallia quelques hussards, traversa le village d'Unter-Elchingen et se hâta d'aller rejoindre la division : on verra qu'il était bien inspiré.

Pendant ce temps, le général Villatte avait reçu l'ordre d'obliquer fortement à gauche et d'occuper deux bois en face de Kesselbrunn, d'y prendre position et de jeter des tirailleurs sur sa gauche. En même temps, le général Roguet, avec le 69° régiment et un bataillon du 76°, s'était porté à la hauteur de Kesselbrunn, occupé par l'ennemi.

Ce mouvement exécuté, les deux brigades couvertes par leurs tirailleurs commençaient leur mouvement d'attaque, quand un corps de uhlans charge à l'improviste les tirailleurs, les repousse et se dispose à charger le 69° et le 76° formés en carrés. Dans le même moment arrive le colonel Colbert ; avec ce qu'il a pu rassembler de monde, il se précipite sur les uhlans, les culbute, sauve les tirailleurs du 76° qui allaient être sabrés et dégage l'infanterie. Là, chacun avait donné un coup de sabre; le colonel Colbert avait tué un uhlan de sa main. Ce fut au reste ce choc qui termina la journée.

Dans le rapport adressé à l'Empereur, les 10° de chasseurs et 3° de hussards ne furent pas oubliés ; car les charges vigoureuses de ces deux braves régiments contribuèrent au succès de la journée et méritèrent d'être citées comme des faits d'armes des plus remarquables.

Un dernier mot sur Elchingen :

« On se rappelle que deux drapeaux avaient été pris par la brigade
« de cavalerie légère. Le lendemain de la bataille, l'Empereur
« ayant son quartier général à l'Abbaye d'Elchingen, le colonel
« Colbert lui présenta les preneurs de drapeaux : un s'appelait
« Pimm, un autre Dopplé. « Qu'est-ce que tu es ? dit l'Empereur
« à l'un d'eux. — Sire, répond celui-ci, brigadier. » L'Empereur
« lui donna la croix ; puis il dit à l'autre : « Et toi, qu'es-tu ? —
« Sire, cordonnier. » — « Qu'on lui donne dix louis, dit l'Em-
« pereur (1). »

La manière différente dont Napoléon avait récompensé chacun suivant sa réponse avait vivement frappé ces hussards, et le malheureux cordonnier, tout brave qu'il était et malgré ses lauriers, fut l'objet de plus d'un lazzi.

Capitulation d'Ulm (19 octobre). — L'Empereur se contenta d'essayer une batterie d'obusiers, puis il envoya sommer le général en chef de se rendre.

Le 19, Mack consentait à livrer la place d'Ulm et à se constituer prisonnier de guerre avec toute son armée, qui se composait de trente mille hommes : dix-huit généraux, soixante pièces de canon attelées défilèrent devant Napoléon, quatre-vingts étendards furent déposés à ses pieds.

Poursuite du Prince de Rohan. — Après la capitulation d'Ulm, le 3ᵉ de hussards et le 10ᵉ de chasseurs pénètrent dans le Tyrol à la poursuite du prince de Rohan, commandant un corps d'armée autrichien.

Le colonel Colbert est nommé général de brigade. — Par décret en

1. *Mémoires du général Auguste Colbert*, t. III, p. 360.

date du 24 décembre, le colonel Auguste Colbert du 10e régiment de chasseurs, commandant la brigade légère du 6e corps d'armée, fut nommé général et conserva le commandement de sa brigade.

1806

Dans les premiers jours de janvier, après la bataille d'Austerlitz, le 3e de hussards et le 10e de chasseurs sont cantonnés autour de Saizbourg et en Carinthie.

Vers le milieu de mars le 6e corps se replia sur Munich, autour duquel il se dispersa. Le régiment occupa successivement Mindelheim, Wolfech, Kaufbeuren, Alschausen où il resta les mois de juin et de juillet; enfin Memmingen, où il se trouvait encore en septembre. Indépendamment des raisons politiques ou stratégiques, ces changements de cantonnements étaient motivés par la nécessité de trouver des subsistances.

Campagne de Prusse. — Depuis le traité de Bâle, la Prusse était restée en paix avec la France; mais, ayant vu une violation de sa neutralité et un affront pour elle dans le passage d'un corps français sur son territoire d'Anspech, demanda la guerre à grands cris.

L'orgueil prussien fit explosion; les officiers allaient aiguiser leurs épées à la porte de l'Ambassade de France, et la reine elle-même, vêtue d'un uniforme de dragons, se montrait aux revues pour provoquer l'enthousiasme. Le roi, plus calme et plus sage, dut céder à l'entraînement de la cour et de la nation : il somma Napoléon d'évacuer l'Allemagne, ce qui était une vraie déclaration de guerre, et, sans attendre les secours, il entra en campagne.

Les soldats prussiens ne se doutaient pas qu'on pût leur résister : ils se mirent en marche comme pour une fête, chantant et se couronnant de fleurs, et s'annonçant comme les vengeurs de l'Allemagne. Leur arrogance ne tarda pas à être rudement châtiée.

Le 8 octobre, le maréchal Ney forma un corps d'avant-garde et
en donna le commandement au général Colbert.

Il était composé de deux bataillons: un de voltigeurs, et l'autre
de grenadiers du 25ᵉ léger, du 10ᵉ de chasseurs et du 3ᵉ de
hussards et de six pièces d'artillerie.

Ce pteit corps se dirigea de Bayreuth par Hof sur Plauen.

Le 13, au soir, veille de la bataille d'Iéna, le général Colbert,
avec toute son avant-garde, traversa Roda sans s'arrêter, arriva
pendant la nuit à Iéna, et campa en avant de la ville.

Bataille d'Iéna (14 octobre). — L'avant-garde du 6ᵉ corps
d'armée (quatre mille hommes environ) conduite par le maréchal
Ney et le général Colbert, ayant devancé à une grande distance
le corps d'armée, se plaça entre Vierzehn-Heiligen et Krippendorf,
l'infanterie à droite et à gauche, le 3ᵉ de hussards et le 10ᵉ de
chasseurs en arrière, en colonne par escadrons.

Le bataillon de grenadiers et le bataillon de voltigeurs étaient
sous les ordres du major Lozivé du 3ᵉ de hussards.

Dans le 10ᵉ de chasseurs était le chef d'escadrons Lapointe, dans
le 3ᵉ de hussards se trouvaient le major Lafferrière et le chef d'escadrons Domont.

« Il était dix heures environ lorsque le voile de brouillard se
« déchira tout à coup, et l'on put apercevoir l'armée prusienne
« rangée en bataille, son infanterie couverte par le village, à droite
« et à gauche des batteries soutenues par une nombreuse cavalerie.
« Cet aspect, tout imposant qu'il fût, n'était pas fait pour intimider
« l'intrépide maréchal. Informé que le corps d'Augereau allait
« déboucher sur sa gauche, Ney pensa qu'en s'établissant entre un
« petit bois qui était à sa gauche et le village, toute la droite de
« l'ennemi pourrait être coupée. Par la direction des feux qu'il
« entendait sur sa droite, le résultat lui semblait assuré.

« Malgré le peu de forces dont disposait le maréchal, il résolut
« de faire charger sur les pièces d'artillerie, qui l'incommodaient

« beaucoup. Il donna l'ordre au général Colbert de prendre sa
« cavalerie et de les enlever.

« Le général Colbert fait partir le 10ᵉ de chasseurs en colonne
« par escadrons ; protégé par un taillis, il longe la gauche d'un
« bois ; puis, arrivé à la hauteur des batteries, sabre les
« canonniers et s'empare de treize canons. Prévoyant ce qui
« devait arriver, le général Colbert avait ordonné au 3ᵉ de
« hussards de suivre à distance le mouvement du 10ᵉ de chasseurs.
« En effet, à peine le 10ᵉ de chasseurs s'était-il emparé des
« batteries, que, désuni par sa charge et par le succès même, il
« est chargé par les cuirassiers de Henkel, les dragons de
« Prittwitz et les dragons saxons, et commençait à être ramené,
« lorsque le 3ᵉ de hussards, changeant de direction à droite, se jette
« sur le flanc et arrête l'ennemi.

« Pendant ce temps, le maréchal, pour protéger le ralliement de
« sa cavalerie, avait fait former deux carrés à ses voltigeurs et à
« ses grenadiers.

« Les cuirassiers de Henkel arrivent sur eux ; les carrés immo-
« biles les laissent approcher jusqu'à vingt pas et ouvrent leur feu.
« Accueillis par une vive fusillade, voyant les hussards sur leurs
« flancs, les cuirassiers se retirent (1). »

Dans ce rude combat, où la cavalerie avait joué le premier rôle,
Lafferrière, major, et Domont, chef d'escadrons, avaient été
blessés, le capitaine Holossy, qui commandait l'escorte du maréchal Ney, eut son cheval tué sous lui et un éclat d'obus dans la
jambe. Le général Colbert lui-même avait eu le haut de sa botte
emporté par un éclat d'obus qui lui avait légèrement effleuré le
genou ; il était revenu de la mêlée, ses habits percés, déchirés, et
son sabre avait reçu une entaille profonde de plus d'un pouce du
coup porté par un colonel prussien.

Le 6ᵉ corps occupa Weimar et la brigade Colbert, Erfurt.

A la suite de cette bataille, le deuxième bulletin de la Grande
Armée s'exprime ainsi : « Le général Colbert, à la tête du 3ᵉ de
« hussards et du 10ᵉ de chasseurs, a fait sur l'infanterie ennemie

---

1. *Mémoires du général Auguste Colbert*, t. IV, p. 105.

« plusieurs charges qui ont eu le plus grand succès. La cavalerie
« française a prouvé à Iéna qu'elle n'avait plus d'égale. »

Investissement de Magdebourg. — Après la bataille d'Iéna, le
6ᵉ corps continua de poursuivre les Prussiens jusqu'à Magdebourg. La brigade Colbert fut chargée de l'investissement sur la
rive droite de l'Elbe.

Le régiment était représenté par cent vingt chevaux, le reste
avait été laissé à Erfurt pour la conduite des prisonniers sur Bem-
berg et Halle.

Dans la nuit du 31, l'ennemi ayant tenté de faire une sortie du
côté de Friederichstadt pour se procurer des vivres et du fourrage,
le général Colbert, avec six cents hommes du 6ᵉ léger, les compagnies d'élite du 39ᵉ, deux escadrons de cavalerie du 3ᵉ de
hussards et 10ᵉ de chasseurs, deux pièces de quatre, enveloppa
les villages de Krakau, de Prester, les fermes qui les environ-
nent, et emporta ou détruisit tout ce qui aurait pu servir aux
assiégés, poussant ses postes à une portée et demie de canon de la
place, de manière que rien ne pût en sortir.

Capitulation de Magdebourg (8 novembre). — L'investissement
de Magdebourg ne devait pas être de longue durée : dès le premier jour du bombardement on entra en pourparlers, et le 8 novembre fut signée la capitulation, par laquelle la ville de Magdebourg, avec tout ce qu'elle renfermait, six cents pièces de canon
et ses magasins, devait être remise aux Français.

La garnison était prisonnière de guerre ; les officiers seuls gardaient leurs armes et pouvaient, sur parole, retourner chez eux.

« Le jour fixé pour la reddition de la place, le soleil se leva
« resplendissant pour éclairer le triomphe des uns et l'humiliation
« des autres. Les deux divisions d'infanterie du 6ᵉ corps, dans
« leur plus grande tenue, étaient rangées en bataille faisant face
« aux remparts, la gauche à la hauteur de la porte par laquelle
« devait sortir la garnison. Les troupes du général Colbert (3ᵉ de
« hussards et 10ᵉ de chasseurs) avaient leur gauche appuyée à

« la même porte ; à leur droite vint se placer le maréchal avec
« son état-major, de manière à former avec l'infanterie les deux
« côtés d'un carré (1). »

Par une faveur du maréchal qui voulut récompenser la conduite
héroïque de son avant-garde à Iéna, dans la personne de son chef,
le général Colbert fut nommé gouverneur de Magdebourg.

Il fut pendant quelques jours chargé de rétablir l'ordre dans
cette ville.

Entrée du 3e régiment de hussards à Berlin. — Bientôt le 6e corps
se remit en route et arriva à Berlin, où il passa la revue de
l'Empereur, qui se fit présenter ceux qui s'étaient le plus distingués, et distribua de nombreuses récompenses au régiment.
« Soldats, disait-il dans sa proclamation qu'il adressa à l'armée
« française, vous avez justifié mon attente et répondu dignement
« à la confiance du peuple français ; vous avez supporté les priva-
« tions et les fatigues avec autant de courage que vous avez montré
« d'intrépidité et de sang-froid au milieu des combats. Vous êtes
« les dignes défenseurs de l'honneur et de la gloire du grand
« peuple. Tant que vous serez animés de cet esprit, rien ne saura
« vous résister. La cavalerie a rivalisé avec l'infanterie et l'artil-
« lerie : je ne sais désormais à quelle arme je dois donner la
« préférence... Vous êtes tous de bons soldats. Voici les résultats
« de nos travaux :

« Une des premières puissances militaires de l'Europe, qui osa
« naguère nous proposer une honteuse capitulation, est anéantie.
« Les forêts, les défilés de la Franconie, la Saale, l'Elbe, que nos
« pères n'eussent pas traversés en sept ans, nous les avons tra-
« versés en sept jours, et livré dans l'intervalle quatre combats et
« une grande bataille. Nous avons précédé à Potsdam, à Berlin,
« la renommée de nos victoires. Nous avons fait 60.000 prison-
« niers, pris 65 drapeaux, parmi lesquels ceux des gardes du roi
« de Prusse, 600 pièces de canon, trois forteresses, plus de vingt

1. *Mémoires du général Auguste Colbert,* t. IV, p. 155.

« généraux. Cependant près de la moitié de vous regrette de
« n'avoir pas encore tiré un coup de fusil. Toutes les provinces de
« la monarchie prussienne jusqu'à l'Oder sont en notre pouvoir.

« Soldats, je ne puis mieux vous exprimer les sentiments que
« j'ai pour vous, qu'en vous disant que je vous porte dans mon
« cœur l'amour que vous me montrez tous les jours. »

Le 20 novembre, le 6ᵉ corps s'approcha de Thorn, précédé par
la cavalerie du général Colbert.

Le 4 décembre, la brigade Colbert s'étend par Fordon jusqu'à
Schweidnitz pour garder la rive gauche de la Vistule et surveiller
ce qui se passait sur la rive droite.

Le 7, le 6ᵉ corps occupe Thorn.

Le même jour, le général Colbert passe sur la rive droite de la
Vistule et occupe Culm.

Le 9, le général Liger-Belair, commandant une brigade du
6ᵉ corps, voulant éclairer le pays, sortit de Thorn avec une petite
colonne composée d'un bataillon du 6ᵉ d'infanterie légère et d'un
escadron du régiment, en remontant la rivière de Drewentz qui
se jette dans la Vistule. Il rencontra, vers Gollup, un parti de
quatre cents chevaux ennemis, qu'il culbuta avec perte de trente
hommes tués et quelques prisonniers. Le général Liger-Belair
poussa ensuite jusqu'à la petite ville de Strasburg, où il s'établit
en avant-poste. Le chef d'escadrons Schœny, du 3ᵉ de hussards,
se distingua particulièrement dans cette affaire ; il n'avait avec lui
que soixante hommes de son régiment.

Le 26, le maréchal Ney brise, à Soldau, le corps du général
prussien de Lestocq, et lance à sa poursuite le général Colbert.

Le 30, au combat de Klein-Schimauen, le général Colbert fit
attaquer les avant-postes, chargea et sabra un escadron, auquel on
prit deux officiers et quinze cavaliers.

Le 31, le général Colbert traverse Ortelsbourg, tombe sur
l'arrière-garde ennemie, la fait charger vigoureusement par le
régiment, lui prend quatre officiers et soixante fusiliers de Bulow.
De là, il se dirige sur Guttstadt.

1807

Surprise de la ville de Bartenstein. — Le général Colbert fut averti que la ville de Bartenstein renfermait des magasins ; il prit ses dispositions pour la surprendre et y pénétra dans la nuit du 7 janvier ; on y trouva encore un détachement de dragons et de gardes du corps : ceux qui ne furent pas pris se noyèrent en voulant traverser l'Alle.

Le 8, la tête d'avant-garde rencontra, aux environs de Schippenbeil, un parti de vingt-cinq hussards qui fut sabré ou pris.

Le 10, la brigade Colbert pénètre dans Schippenbeil.

L'avant-garde n'était plus qu'à douze lieues de Kœnisberg, à près de vingt-cinq lieues du quartier général ; le maréchal donna l'ordre de s'arrêter, et, étant arrivé lui-même le 16 à Bartenstein, il prit ses dispositions pour le cantonnement provisoire de ses troupes. Le général Colbert, avec sa cavalerie, devait former une chaîne de postes, de manière à couvrir le front des cantonnements provisoires du 6ᵉ corps d'armée, la droite à Schippenbeil et la gauche à Heilsberg.

Le 16, les coureurs de l'armée russe de Benningsen, venus au secours des Prussiens, firent une reconnaissance de tous les postes qui entouraient Schippenbeil.

Ils attaquèrent la cavalerie du général Colbert et partout ils furent vigoureusement repoussés.

Les troupes qui venaient de nous attaquer ainsi n'étaient autres que l'extrême avant-garde de l'armée russe.

Le 20, ordre est donné au général Colbert de replier ses avant-postes sur Bischoffstein. Inquiet du sort de la colonne du 3ᵉ de hussards qui venait de Schippenbeil, Colbert envoya à sa rencontre un bataillon de grenadiers et deux pièces de canon. En effet, près du village de Porwangen, sur la route d'Heilsberg à Seeburg, le régiment avait été serré de près ; l'un de ses escadrons, s'étant laissé entraîner par son ardeur, avait été ramené, lorsque arriva le bataillon, qui, chargeant l'ennemi à la baïonnette, le culbuta.

Le 21, l'ennemi, qui, pendant toute la journée, avait inquiété nos postes, fit mine de vouloir s'établir la nuit dans les villages d'Elsau et de Lokau. Vers les huit heures du soir, le général Colbert se porta en avant, attaqua ces villages et en chassa l'ennemi après lui avoir tué du monde, pris deux officiers et quinze hussards russes. Il le fit poursuivre par sa cavalerie jusqu'à deux lieues au delà, près de Felhau et de Franckenau. Ce vigoureux retour offensif lui permit le lendemain de se retirer sur Wartembourg et Alt-Wartembourg sans être inquiété.

Le 25, le général Colbert, avec tout son monde, rejoignit le quartier général à Hohenstein; pas un homme, pas un canon n'avait été laissé en arrière.

Le 5 février, le maréchal Ney battit l'ennemi à Alt-Reichau; près de trois mille hommes, dont un général major et plusieurs officiers, un drapeau, seize pièces de canon, beaucoup de caissons et une grande quantité de bagages furent pris. Le 6ᵉ corps occupa Liebstadt. La brigade Colbert, après avoir chargé plusieurs fois dans la journée, poussa son avant-garde à six lieues de là, à Open.

Combat de Hof (6 février). — « Pour aborder l'ennemi, la « brigade Colbert dut franchir un petit pont placé sur un ruisseau « marécageux; on ne pouvait passer que par quatre. Le 3ᵉ de « hussards et le 10ᵉ de chasseurs le passèrent au galop, et, aussi-« tôt formés, on en vint à la charge; mais fusillés à gauche par « une nombreuse infanterie, en butte au feu de l'artillerie placée « à droite, menacés enfin par la cavalerie, ces deux régiments « furent ramenés. Le général Colbert tenta une nouvelle charge, « mais il rencontra les mêmes obstacles, et, chargé cette fois par « les cuirassiers russes, il fut de nouveau ramené (1). »

Alors le prince Murat se porta vigoureusement en avant avec toute la division d'Hautpoul. Ce moment fut décisif; un cri géné-

1. *Mémoires du général Auguste Colbert*, t. IV, p. 240.

ral se fit entendre : « Vive l'Empereur! rallions-nous au prince! »
Une charge générale eut lieu, tout fut culbuté : cavalerie, infanterie et canons.

Le résultat de ce combat fut la prise de neuf pièces d'artillerie,
quatre drapeaux, sept à huit cents prisonniers et douze à quinze
cents morts sur le champ de bataille.

« La cavalerie de Votre Majesté a mérité aujourd'hui les éloges
« que vous lui avez si souvent prodigués; et il termina en disant :
« Sire, je dois les plus grands éloges au général Colbert et à sa
« brigade (1). »

Ces éloges, le général Colbert les avait chèrement achetés : le
3ᵉ de hussards et le 10ᵉ de chasseurs avaient beaucoup souffert,
plusieurs officiers avaient été tués, blessés ou pris.

Bataille d'Eylau (8 février 1807). — Le 6ᵉ corps, dont le but
était de séparer le général de Lestocq des Russes, n'arriva que
vers quatre heures du soir, sur le champ de bataille, mais sa présence à Schmoditten et Schloditten, sur la route de Kœnisberg,
décida la retraite de l'armée russe sur Kœnisberg; elle se fit pendant la nuit, l'ennemi abandonna plusieurs milliers de prisonniers.

Dans cette mémorable bataille, la cavalerie fournit l'exemple
d'une des plus grandes charges qui aient été faites, d'un des plus
grands et périlleux efforts qui aient jamais été tentés par la cavalerie.

Les Russes eurent huit mille tués, près de vingt mille blessés.
Les Français, dix-neuf cents tués et cinq mille sept cents blessés;
vingt-quatre pièces de canon, seize drapeaux furent trouvés, dans
la neige, au milieu des cadavres.

Le 10, les 3ᵉ de hussards et 10ᵉ de chasseurs occupent Pompic-
ken et Porskam, poussant des reconnaissances sur Kreutzbourg,
pour surveiller l'armée russe dans Kœnisberg.

Le 14, le régiment, à Uderwangen, repousse les cosaques qui

___

1. Rapport du prince Murat à l'Empereur à la suite du combat de Hof.

avaient ramené en désordre la division de dragons du général Milhaud.

Le 16, l'armée française rentre dans ses cantonnements; l'Empereur confie au maréchal Ney le commandement de l'arrière-garde. La brigade Colbert est à l'extrême arrière-garde.

Le 17, la cavalerie du général Colbert est à Eylau et Schmoditten. Le temps s'étant mis au dégel, la plaine était devenue impraticable; la route elle-même fut bientôt défoncée. Les chevaux, épuisés par la marche et surtout par le manque de vivres, tombent d'inanition.

Le 22, la brigade Colbert se rend à Heilsberg, pour veiller à l'enlèvement de cinquante mille sacs de farine.

Le 27, le 6ᵉ corps se retire sur Allenstein; la cavalerie Colbert, à l'arrière-garde, détruit tous les passages de l'Alle.

On était en route depuis deux heures, lorsque tout à coup une nuée de cosaques fondit sur l'arrière-garde. Les voltigeurs et quelques compagnies du 39ᵉ les attendirent à bout portant et firent un feu très meurtrier qui commença à jeter le désordre parmi eux; le 3ᵉ de hussards et le 10ᵉ de chasseurs les chargèrent alors, et en prirent une trentaine.

Le 3 mars, prise d'arme générale dans l'armée française. L'Empereur se porte à Osterode et replace tous les corps d'armée dans de nouveaux cantonnements. Le 6ᵉ corps se cantonne à Guttstadt.

La brigade Colbert, composée du 39ᵉ de ligne, du 6ᵉ léger, des 3ᵉ de hussards et 10ᵉ de chasseurs, occupe successivement Lingnau et Alkirck, Queetz et Komalmen entre Guttstadt et Liebstadt, du mois de mars au mois de juin.

Le 3ᵉ de hussards et le 10ᵉ de chasseurs avaient été très réduits par cette longue campagne au milieu de la boue et des frimas. En trois mois, ils perdirent deux cent quatre-vingt-neuf chevaux; ils furent renforcés par le 15ᵉ de chasseurs qui revenait d'Italie, ce qui porta la cavalerie du 6ᵉ corps à six ou sept cents chevaux.

Capitulation de Dantzig (24 mai). — La capitulation de cette place était une importante et glorieuse conquête. Elle assurait d'immenses ressources et rendait disponibles plus de vingt mille hommes.

L'Empereur donna le titre de duc de Dantzig au maréchal Lefebvre. Il voulut qu'un soldat, sorti des rangs les plus obscurs du peuple et que tout Paris avait connu comme sergent aux gardes françaises, fût le premier à porter un titre de la noblesse qu'il allait créer.

Combat de Guttstadt (5 juin). — Dès huit heures du matin, le 6ᵉ corps qui se trouvait en pointe à Liebstadt est enveloppé par les Russes et coupé de ses communications avec le corps du maréchal Soult et celui du maréchal Davout. Vers les onze heures, l'affaire devint tellement vive, que souvent toutes les brigades et les divisions ne cessaient de faire feu de deux rangs et par bataillons. Le maréchal Ney repousse avec son infanterie toutes les attaques.

« Le 3ᵉ de hussards, le 10ᵉ et le 15ᵉ de chasseurs se multi-
« plient et font des prodiges de valeur.

« Chaque fois que l'ennemi charge notre infanterie ils en pro-
« fitent pour tomber sur lui et le culbuter.

« Le colonel du 15ᵉ de chasseurs, Mouriez, est tué ; le chef
« d'escadrons Valmabelle, Adrien d'Astorg, aide-de-camp du
« général Colbert, blessés et faits prisonniers, et bon nombre
« d'officiers de hussards et de chasseurs tués ou blessés (1). »

A deux heures, le corps d'armée commença sa retraite sur Deppen. Pendant trois heures encore, malgré les charges réitérées de la cavalerie ennemie, malgré les efforts de son infanterie, pas un peloton ne fut entamé. La retraite s'opéra avec un ordre et un ensemble qu'on obtient rarement dans une affaire aussi chaude ; et, sans avoir perdu ni un drapeau, ni un canon, le maréchal prit position à Anckendorf.

---

1. Rapport du maréchal Ney au maréchal Berthier (*Mémoires du général Auguste Colbert*), t. V, p. 343.

Le 6 au matin, la bataille recommença avec acharnement ; le maréchal Ney, menacé d'être encore coupé, franchit la Passarge à Deppen, après avoir usé toutes ses munitions et tenu tête à quarante mille hommes dont dix mille de cavalerie. La cavalerie du 6ᵉ corps, malgré son immense infériorité, sut tirer parti des moindres accidents de la lutte pour se jeter sur l'ennemi.

Le 7, l'Empereur se porta sur Deppen avec sa garde et se rendit au bivouac du maréchal Ney, voulant le féliciter en face de toute l'armée.

Le 6ᵉ corps était sous les armes ; la garde, le corps de Lannes et les divisions de cavalerie de Lasalle, de Grouchy et de Nansouty défilèrent devant lui.

Bataille de Friedland (14 juin). — Le 6ᵉ corps tenait la droite de Posthenen jusqu'à Sortlack et commença l'attaque. La cavalerie légère des généraux Beaumont et Colbert fut placée à la gauche sous les ordres du général Grouchy, pour l'aider à débarrasser la plaine des cosaques qui menaçaient les derrières et la gauche de l'armée.

L'armée française était placée en cercle concentrique autour de l'armée russe de Benningsen acculée dans le coude de la rivière de l'Alle.

La bataille commença à l'aube, et ne se termina qu'à cinq heures du soir.

L'armée russe fut détruite, dix-huit mille tués, vingt mille prisonniers, quatre-vingts pièces de canon restèrent en notre pouvoir. Friedland et ses ponts furent brûlés. Les débris des armées russes et prussiennes, poursuivis par le gros de l'armée, passèrent le Niemen à Tilsitt et ne reparurent plus.

Le 19, Murat venait d'entrer à Tilsitt lorsqu'un parlementaire envoyé par le prince Bagration lui remettait la lettre suivante qu'il venait de recevoir du général en chef Benningsen :

« A Son Excellence M. le prince Bagration.

19 juin 1807.

« Mon prince,

« Après les flots de sang qui ont coulé ces jours derniers, dans
« des combats aussi meurtriers que souvent répétés, je désirerais
« de soulager les maux de cette guerre destructive en proposant
« un armistice, avant que d'entrer dans une lutte, dans une guerre
« nouvelle, peut-être plus terrible encore que la première. Je vous
« prie, mon prince, de faire connaître aux chefs de l'armée fran-
« çaise cette intention de ma part, dont les suites pourraient peut-
« être avoir des effets d'autant plus salutaires, qu'il est déjà
« question d'un congrès général, et pourraient prévenir une effu-
« sion inutile de sang humain.

« Vous voudrez bien me faire parvenir ensuite les résultats de
« votre démarche, et me croire avec la considération distinguée
« avec laquelle j'ai l'honneur d'être, mon prince, de Votre Excel-
« lence, le très humble et très obéissant serviteur (1).

« Signé : B. Benningsen. »

Le 22, entrevue des deux Empereurs sur le radeau de Tilsitt.

Après le traité de Tilsitt, les corps d'armée se cantonnèrent dans
toute l'Allemagne.

La cavalerie du général Colbert fut échelonnée sur les bords de
l'Oder aux environs de Glogau, sauf le 10ᵉ de chasseurs qui vers
la fin d'août fut rappelé en France.

1808

Toute la Grande Armée passa la fin de l'année 1807 et la majeure
partie de 1808, baraquée par divisions, depuis les sources de l'Oder

1. Archives du Dépôt de la Guerre.

jusqu'à son embouchure : le 3ᵉ de hussards était à Carolath et dans la vallée de Herchberg.

Pendant que la Grande Armée se reposait dans ses cantonnements de l'Allemagne des épreuves d'une longue guerre, des événements importants avaient éclaté au midi de la France. L'Espagne était en insurrection. Déjà l'Empereur y avait envoyé plusieurs corps d'armée ; une grande partie des troupes d'Allemagne reçut bientôt l'ordre de s'y rendre à marches forcées.

Campagne d'Espagne. — Le 8 septembre, le 6ᵉ corps reçut l'ordre d'aller en Espagne et fut réuni dans un camp près de Dresde, pour être dirigé sur Mayence et de là sur Bayonne, près de cent jours de route. Son passage à travers la France fut une véritable marche triomphante.

Dans les premiers jours de novembre, le 6ᵉ corps était à Vittoria. Le général Lagrange, renforcé de la cavalerie légère du général Colbert (3ᵉ de hussards et 15ᵉ de chasseurs), fut envoyé à Logrono sur l'Ebre.

Le 19, la brigade Colbert se réunit au corps d'armée du maréchal Moncey et à la cavalerie du général Lefebvre-Desnouettes.

Cette armée, forte de vingt-six à vingt-huit mille hommes, arriva le 22 en présence de l'armée espagnole, commandée par Castanos et Palafox, les vainqueurs de Baylen.

L'armée espagnole, forte de quarante mille hommes environ, occupait un front de près de deux lieues. La droite était placée à Tudèla et la gauche s'étendait jusqu'à Cascante.

Bataille de Tudèla (22 novembre). — « Le maréchal Lannes fit « immédiatement attaquer la droite et le centre par deux divi- « sions d'infanterie soutenues par soixante pièces de canons. Après « quelque résistance, une trouée s'étant faite au centre, le général « Colbert avec le 3ᵉ de hussards et le 15ᵉ de chasseurs s'y pré- « cipite, puis se rabat à gauche prenant à revers l'infanterie de la « droite ennemie : bientôt toute cette partie du champ de bataille

« ne présente plus que le spectacle de la déroute complète des
« Espagnols poursuivis à outrance dans toutes les directions, à
« travers les bois d'oliviers, par la cavalerie soutenue par la divi-
« sion Maurice Mathieu (1). »

La gauche à Cascante est encore enfoncée par la cavalerie des
généraux Lagrange et Colbert formée en échelons à courte distance ; résultat : trente pièces de canon, trois mille prisonniers.
Les pertes de l'ennemi pouvaient s'évaluer à huit ou dix mille
hommes.

Le 27, la brigade Colbert rejoint son corps d'armée à Mallen et
poursuit les débris de l'armée espagnole vaincue à Tudèla.

L'ordre fut donné au maréchal Ney, qui était à Guadaxara, de
faire traverser Madrid, le 15 décembre, par les divisions Marchand et Maurice Mathieu, qui devaient être précédées par la cavalerie du général Colbert (3ᵉ de hussards et 15ᵉ de chasseurs).

« L'entrée dans Madrid se fit donc le 15 en grande pompe, et
« les Espagnols purent connaître, à la vue de ces belles troupes
« sorties victorieuses de tant de combats et de fatigues, à leur air
« martial, à leur belle tenue, à leur sévère discipline, le secret
« de leurs propres défaites (2). »

Quelques jours après, l'Empereur passa la revue du 6ᵉ corps
sur les hauteurs de Chamartin, tenant ainsi à montrer aux Espagnols le corps d'armée qui s'était le plus illustré en Allemagne.

Après cette revue, l'Empereur s'adressant au général Colbert,
lui dit : « Colbert, vous m'avez depuis longtemps prouvé que vous
« étiez l'un de mes plus braves ; vos vieux services méritent une
« récompense, vous l'aurez bientôt. » — « Sire, hâtez-vous,
« répondit le général Colbert, car je suis vieux (3). »

Etait-ce un pressentiment ? L'ange de la mort l'avait-il touché
de ses ailes, comme on l'a dit poétiquement ? Je ne le crois pas. Le
général Auguste Colbert avait l'esprit positif, l'âme très ferme et
peu disposé à se laisser frapper.

---

1. *Mémoires du général Auguste Colbert*, t. V, p. 197.
2. Jomini, t. III de l'*Histoire de Napoléon*.
3. *Mémoires du général Auguste Colbert*, t. V, p. 220.

Le 20 décembre, à la nouvelle qu'une armée anglaise de quarante mille hommes se trouvait dans les environs de Valladolid, Napoléon dirigea sur cette ville le 6ᵉ corps et la brigade Colbert.

Le 22, l'avant-garde du général Colbert était à Medina del Campo.

Le 24, le général Colbert, avec cinq bataillons et sa cavalerie, occupait Rueda et Lesseca. Poussant des reconnaissances sur Tordésillas et du côté de Salamanque, ces reconnaissances ramenèrent quelques hommes qui ne fournirent que des renseignements vagues. Toutefois, ils semblaient s'accorder à dire que les Anglais marchaient sur Léon.

Le 30, la brigade Colbert passe le pont qui est jeté sur l'Esla, court sur Astorga, puis se lançant au galop sur la route de Villafranca, ramassa deux mille prisonniers, des caissons, des armes, et délivra quelques Français faits prisonniers par les Anglais.

Toutes ces courses, ces combats, avaient lieu par le temps le plus rigoureux, au milieu de la neige, de la pluie, et à travers des boues qui rappelaient celles de Pologne.

1809

Combat de Calcabellos (1) (3 janvier). — *Mort du général Auguste Colbert.* — Vers trois heures de l'après-midi, le général Colbert arriva avec sa cavalerie devant une position fortifiée par les Anglais ; voyant qu'il ne pouvait l'enlever, il alla presser le pas de son infanterie lorsqu'on vint lui annoncer qu'Alfred de la Tour-Maubourg, son aide de camp, venait d'être tué. La douleur, l'impatience, stimulant encore son ardeur, il pousse lui-même ses

1. Village situé près de Villafranca.

tirailleurs en avant; en vain un brave officier du 3ᵉ de hussards veut l'empêcher d'approcher d'une muraille d'où partait une vive fusillade : « Tu as donc bien peur aujourd'hui de mourir? » lui dit-il. Il était alors si près, tellement en vue de la position disposée en amphithéâtre occupée par l'ennemi, que les Anglais pouvaient distinguer ses traits et entendre sa voix; ils s'étonnaient de tant de dédain de la mort. Tout à coup on le vit se pencher en avant : les hommes de son escorte crurent qu'il voulait arranger quelque chose à son étrier. Il était mort! Une balle venait de l'atteindre au-dessus du sourcil gauche et avait traversé la tête.

Revenu un moment à lui, il se fit mettre sur son séant, et, apercevant les Anglais en déroute, il dit aux personnes qui l'entouraient :

« Mes amis, je sens que je vais bientôt mourir; mais ma mort « est digne d'un soldat de la Grande Armée, puisqu'en expirant « je vois fuir les derniers et éternels ennemis de ma patrie (1). »

Paroles mémorables, et qui rappellent celles d'un héros de l'antiquité. Epaminondas, blessé mortellement à la bataille de Mantinée, par le fer d'un javelot qui lui avait percé la poitrine, fut rapporté mourant dans sa tente. Les chirurgiens déclarèrent que le moment où on arracherait le fer de la plaie serait celui où le général expirerait. Il demanda tranquillement si son bouclier était tombé entre les mains de ses ennemis; on le lui présenta. S'étant fait alors confirmer que la victoire restait aux Thébains, il s'écria : « Et quoi de plus glorieux pour un soldat que de mériter les pleurs et les éloges de ses ennemis! » En même temps, il arracha le javelot de son sein et expira.

Ce fut un deuil général dans l'armée française, particulièrement dans le 6ᵉ corps et dans sa brigade. « Un sentiment de douleur se « répandit dans l'armée anglaise, lorsqu'on vit tomber le vaillant « soldat (2). »

Les hussards du 3ᵉ régiment portèrent pendant trois ans à leurs

1. *Victoires et conquêtes des Français*, t. XXIV, p. 242.
2. *Histoire de la Péninsule*, par le colonel Napier.

shakos et à leur étendard le deuil du général comte Auguste Colbert.

Du 17 janvier au 5 juillet, le 6ᵉ corps fut chargé de maintenir la Galice, et occupa successivement Lugo, La Corogne, le Férol et Sant-Yago.

Le 16 juillet, un détachement de quatre-vingt-quatorze hommes et quatre-vingt-quatorze chevaux, pris au dépôt à Strasbourg, est envoyé à l'armée d'Allemagne pour faire partie de la réserve de cavalerie que commandait le maréchal duc d'Istrie.

Le 27, le maréchal Ney reçoit l'ordre de se porter à marches forcées sur Placencia, afin d'y couper la ligne de communication de l'armée anglo-portugaise, ou du moins de la forcer à ralentir sa marche sur Madrid.

Combat du col de Banos (12 août). — « Le 12 août, le général
« Lorcet, commandant l'avant-garde du 6ᵉ corps, rencontra le
« général Wilson à Oldéa-Nuéva-del-Camino, à l'entrée du col de
« Banos; la position de l'ennemi, quoique très forte, fut emportée
« au premier choc. Le 3ᵉ de hussards exécuta une belle charge,
« dans laquelle bon nombre d'Anglo-Portugais furent sabrés et
« faits prisonniers.

« Ces derniers se rallièrent sur les hauteurs de Banos, dans
« une position presque inexpugnable. Les Français, oubliant les
« fatigues d'une marche de neuf lieues par une chaleur excessive,
« ne balancèrent point à attaquer les retranchements derrière les-
« quels les milices de Wilson se croyaient en sûreté, et s'empa-
« rèrent des ouvrages ennemis, malgré un feu très vif d'artillerie.
« Le général Wilson essaya vainement de rallier cette troupe cul-
« butée et dispersée. Le 3ᵉ de hussards et le 15ᵉ de chasseurs
« achevèrent la déroute de l'ennemi, qui eut beaucoup de peine à
« trouver son salut dans les rochers de Monte-Major et de la Cal-
« zada.

« Les Anglo-Portugais laissèrent douze cents tués et un pareil
« nombre de blessés sur le champ de bataille.

« Le colonel Lafferrière, du 3ᵉ de hussards, se distingua parti-
« culièrement par sa brillante valeur et l'habileté de ses dispo-
« sitions (1). »

Affaire de Tamaniès (18 octobre). — Dans cette brillante affaire qui fait le plus grand honneur au régiment, le lieutenant de
Gelvès prit une pièce de canon, et le lieutenant Foullon, avec son
peloton, en enleva une autre.

Dans le courant d'octobre, le général Marchand, qui remplaçait
provisoirement le maréchal Ney, dans le commandement du
6ᵉ corps, battit auprès de Ciudad Rodrigo, un corps ennemi formé
en partie de l'ancienne armée du marquis de la Romana Le 3ᵉ de
hussards prit une large part à ce combat, et se fit remarquer par
son intrépidité.

Combat d'Alba-de-Tormès (28 novembre). — « Le duc d'El
« Parque avec trente mille Espagnols, s'étant avancé au delà de
« Salamanque et interceptant déjà les communications entre
« Madrid et Valladolid, Kellermann avec la deuxième division de
« dragons et le 6ᵉ corps, aux ordres du général Marchand, marche
« à sa rencontre. Les Espagnols se retirant devant lui, il les attei-
« gnit le 28 novembre à trois heures de l'après-midi et ils durent
« combattre pour sauver leur arrière-garde, au passage de la
« rivière.

« Le général Lorcet avec quatre cents chevaux du 3ᵉ de hus-
« sards et 15ᵉ de chasseurs, appuyé par la brigade de dragons
« Millet, charge la première ligne qui avait pris position sur les
« hauteurs en avant d'Alba. La cavalerie espagnole qui avait fui
« sans combattre et la première ligne taillée en pièces se réfu-
« gièrent derrière la seconde, laissant cinq pièces en nos mains.

1. *Victoires et conquêtes des Français*, t. XXV, p. 298.

« La seconde ligne fut taillée en pièces à son tour et nous
« n'éprouvâmes plus de résistance que sur un plateau élevé où
« quelque infanterie s'était formée en carré. La brigade d'infan-
« terie Maucune, arrivant à six heures du soir, les déposte, entre
« pêle-mêle avec eux dans Alba, et les poursuit au delà de cette
« ville. Nous prîmes dans cette journée quinze canons, six dra-
« peaux, dix mille fusils et deux mille hommes.

« Dans ce combat le colonel Lafferrière fut blessé d'un coup de
« feu et le capitaine Coster, du 3ᵉ de hussards, prit un dra-
« peau (1). »

1810

Armées d'Espagne et du Portugal. — Le 7 avril, le maréchal
Masséna est nommé général en chef d'une armée destinée à sou-
mettre le Portugal (2ᵉ, 6ᵉ et 8ᵉ corps, réserve de cavalerie,
cinquante et un mille six cent vingt-deux hommes, quatorze mille
sept cent soixante-quatre chevaux).

Siège et reddition de Ciudad-Rodrigo (10 juillet). — Le 10 juillet
au soir, le 6ᵉ corps prit possession de la ville, après vingt-cinq
jours de tranchée ouverte. Le lendemain, six mille hommes de la
garnison sortirent pour être conduits en France prisonniers de
guerre. On trouva dans cette place importante cent vingt-cinq
bouches à feu de tout calibre, deux cent mille kilos de poudre, et
près d'un million de cartouches.

Affaire de la Conception (21 juillet). — « Le général anglais
« Crawfurd, mesurant le péril, se hâtait de faire passer sa cava-
« lerie sur la rive gauche, lorsqu'il vit son centre forcé par Loison

---

1. *Éphémérides militaires* de 1792 à 1815.

« malgré la résistance du 95e britannique. Presque en même
« temps, sa gauche était culbutée par deux charges consécutives
« du 15e de chasseurs et du 3e de hussards. La perte des Anglo-
« Portugais fut évaluée à un millier d'hommes tués et blessés,
« parmi lesquels vingt-huit officiers, et la nôtre à cinq cent dix-sept
« hommes (1). »

Le 24, le prince d'Essling fit investir Almeida. Les troupes du
6e corps furent réunies à cet effet en grande partie au fort de la
Conception, et débouchèrent du Val-de-la-Mula le même jour à
six heures du matin. La brigade de cavalerie légère (3e de hussards et 15e de chasseurs) sous les ordres du général Lamotte, précédée d'un bataillon de chasseurs, ouvrait la marche.

Les troupes françaises attaquèrent vigoureusement et dans le
meilleur ordre ; l'ennemi opposa une résistance opiniâtre, il fut
cependant chassé successivement de ses postes.

Le régiment, soutenu par le reste de la cavalerie, tomba à toute
bride sur l'infanterie anglaise, et lui sabra beaucoup de monde.

Dans cette affaire, l'ennemi eut quatre cents morts et sept cents
blessés. Parmi les morts, il comptait soixante officiers. On lui prit
un drapeau, quatre cents hommes et deux pièces de canon.

Siège d'Almeida (28 août). — Le prompt investissement d'Almeida fut dû à l'infatigable activité du maréchal Ney. Le 28, les
Français entrèrent dans la ville. La garnison, forte de trois mille
cinq cents hommes de troupes portugaises, sortit avec les hon-
neurs de la guerre, et, après avoir déposé les armes sur les glacis,
dut rester prisonnière de guerre, ainsi que le général anglais
William Cox.

On trouva dans la place beaucoup de munitions de bouche, six
drapeaux, cent quinze pièces d'artillerie et un équipage d'artillerie
de montagne.

Après la reddition d'Almeida, l'armée entière de lord Wellington
continua sa retraite sur le Portugal.

1. *Mémoires de Masséna*, t. VII.

Bataille de Busaco (27 septembre). — « Le 27, au point du jour,
« les 2ᵉ et 6ᵉ corps attaquèrent simultanément avec une bravoure
« sans exemple. Enfin l'attaque ayant échoué, et l'ennemi s'opi-
« niâtrant à rester sur les hauteurs, on ne fit plus que tirailler
« jusqu'à la nuit. Les deux armées gardèrent les positions qu'elles
« occupaient avant l'affaire. Les petits postes français furent même
« poussés un peu plus loin, pour montrer sans doute que l'armée
« n'avait point cédé de terrain.

« Le 28, le prince d'Essling ayant jugé, malheureusement trop
« tard, que la position de l'Alcoba était inexpugnable de front,
« résolut de la tourner. En conséquence, après divers mouvements
« pour cacher son dessein, il se dirigea par la route d'Avelena de
« Cema (1). »

Après avoir franchi les défilés de Serdao, l'armée française
marcha directement sur Coïmbre. L'avant-garde (3ᵉ de hussards
et 15ᵉ de chasseurs) entra le 1ᵉʳ octobre dans la capitale de la province de Beira.

« Les habitants, effrayés par les mesures de lord Wellington et
« du maréchal Beresford, s'étaient enfuis à la nouvelle de l'arrivée
« des Français. Une proclamation des généraux anglais ordonnait
« à tous les Portugais, habitants des cités et des campagnes, de
« fuir et d'emporter ou de détruire sans ménagement tout ce qui
« aurait pu être utile aux Français (2). »

Combat de Leyria (7 octobre). — « Après la bataille de Busaco et
« la reprise de Coïmbre, l'armée française de Portugal quitta cette
« ville le 5 octobre, passa le Montégo et suivit l'armée anglo-por-
« tugaise dans sa retraite sur Lisbonne.

« Le 7, l'arrière-garde ennemie fut aperçue en avant de la
« petite ville de Leyria, sur une position avantageuse qu'elle
« essaya de défendre. Elle en fut culbutée avec perte et vigoureu-
« sement chargée par notre cavalerie.

1. *Victoires et conquêtes des Français*, t. XXVI, p. 85.
2. *Victoires et conquêtes des Français*, t. XXVI, p. 89.

« Le 3ᵉ de hussards se fit, entre autres, remarquer dans cette
« action.

« L'ennemi continua son mouvement vers Rio-Major où quelques
« escarmouches eurent encore lieu (1). »

Affaire d'Alcoluto (9 octobre). — « Le 9, Montbrun prit la tête
« de l'avant-garde avec la brigade Lamotte, soutenue de deux
« bataillons, et rencontra, au débouché d'Alcoluto, une patrouille
« de quatre-vingts chevaux qu'il poussa jusqu'à Senhora
« d'Amexera, où elle fut recueillie par deux régiments aux ordres
« du général Slade. Le général Lamotte les aborda si rudement à
« la tête du 3ᵉ de hussards et du 15ᵉ de chasseurs, qu'il les rompit
« et les obligea à battre en retraite. Ils se rallièrent néanmoins
« sur les hauteurs en arrière de Moinho-de-Cubo, sous la protec-
« tion de deux pièces d'artillerie. Vingt hommes et autant de che-
« vaux restèrent entre nos mains (2). »

« Le capitaine Coster, du 3ᵉ de hussards, commandant un
« piquet, contribua, par son intrépidité et l'audace de ses attaques,
« au brillant succès de la journée (3). »

L'affaire d'Alcoluto terminée, le régiment se porta sur Porto de
Mugen pour observer le cours du Tage et faciliter les communications avec Santarem.

La position était des plus critiques; Wellington, sous peine de
mort, avait forcé les Portugais à déserter le pays, couper les
routes, enlever les vivres; les Français entraient dans un désert,
et leur ligne de communication était si fréquemment coupée par les
partisans, qu'il fallait quelquefois faire cinquante lieues en
colonnes mobiles pour aller chercher des subsistances; un mor-
ceau de pain coûtait des prodiges de valeur. On demeura cinq mois
dans cette désespérante situation! Masséna, voyant l'impossibilité
de traverser le Tage, débordé à cette époque de l'année, ne sachant
comment nourrir l'armée, se décida à revenir sur ses pas. Pour

1. *Éphémérides militaires* de 1792 à 1815.
2. *Mémoires de Masséna*, t. VII.
3. Archives du Dépôt de la Guerre.

tromper les ennemis sur le but de sa marche, il fit courir dans
l'armée le bruit d'une prochaine attaque. Chacun, des deux côtés,
se prépara au combat, et, le 14 novembre au matin, par un épais
brouillard, le régiment prit la route de Leyria, pour camper aux
environs. Les distributions régulières avaient complètement cessé;
des corvées armées se mirent en course à une, puis à deux, trois
et quatre journées de marche, pour fourrager : grains, farines,
viandes, vins, bêtes sur pied, tout était de bonne prise. Il ne fallait pas mourir de faim!

Le 18, le 6e corps était à Leyria et Thomar.

Le mois de décembre s'écoula sans événements importants. Le
Zézère et le Tage étaient devenus des torrents infranchissables.
Cette hésitation entre une retraite définitive et un séjour incertain
ne pouvait plus durer; les ressources en vivres étaient épuisées;
les chevaux mouraient faute de nourriture.

1811

La situation de l'armée française, loin de s'améliorer, devenait
de plus en plus difficile. La rareté des vivres augmentait chaque
jour. La cavalerie et le 6e corps trouvaient encore quelques faibles
ressources sur les derrières de leurs cantonnements, du côté de
Leyria et Thomar; mais l'autre partie de l'armée, placée plus près
du Tage, avait déjà tout épuisé à une grande distance autour
d'elle.

Pendant les mois de janvier et de février, on ne fit aucun mouvement important.

Le 3 mars, le prince d'Essling se décida à repasser le Mondégo,
se reportant sur Guarda pour se mettre en communication avec
Ciudad-Rodrigo, où étaient les effets d'habillements, les munitions, les ressources de l'artillerie, les magasins et le trésor de
l'armée, qu'on n'avait pas payée depuis six mois.

« Le soir du 5 au 6, tous les préparatifs étant achevés, le mou-
« vement de retraite commença à huit heures. Le maréchal Ney
« fut chargé de faire l'arrière-garde, il avait sous ses ordres ce
« même corps d'armée qui s'était couvert de tant de gloire, ainsi
« que son chef, en soutenant la retraite de Guttstadt, en 1807,
« lorsque la Grande Armée prit la route de la Passarge, après la
« bataille d'Eylau.

« Il était juste que le 6ᵉ corps, qui avait le moins souffert dans
« ses cantonnements, remplît la même mission qu'en Allemagne ;
« le maréchal Ney, d'ailleurs, était l'homme qui devait en être
« chargé, pour le salut de l'armée française (1). »

Le 9, le régiment, toujours à l'arrière-garde, se distingua d'une
manière toute particulière au combat de Pombal.

Combat de Redinha (12 mars). — « Pendant la retraite d'Estra-
« madure, le corps de Ney se retirait lentement après le combat
« de Pombal avec sept à huit mille hommes, dont six mille d'in-
« fanterie, quatorze pièces d'artillerie, deux régiments de dragons
« et le 3ᵉ de hussards. Il était suivi de près par vingt-mille Anglais
« et les attendit dans une bonne position : Redinha (*12 mars*). Les
« Anglais tentèrent toute la journée de déborder ses ailes garnies
« de nombreux pelotons de tirailleurs. Les trois régiments de
« cavalerie étaient en arrière du centre prêts à charger par les
« intervalles. Les colonnes des généraux Picton et Pack garnis-
« sant les hauteurs qui couvraient notre gauche, étaient déjà à
« portée de fusil, Ney les fit cribler de mitraille ; elles furent mises
« en déroute et Wellington avança son centre pour couvrir leur
« retraite. Après les avoir accueillis par des feux d'artillerie et de
« mousqueterie, Ney lança le 3ᵉ de hussards qui rompit la pre-
« mière ligne et sabra bon nombre de fantassins. Puis Wellington
« voulant attaquer avec toutes ses forces, Ney jugea plus prudent
« de se retirer pour le faire comme il lui plairait. La cavalerie,

1. *Victoires et conquêtes des Français*, t. XXVI, p. 178.

« défilant par la droite, descendit paisiblement sur la Soure, puis
« la passa à gué (1). »

Ce n'est point exagérer de dire que l'ennemi déploya dans cette
affaire une masse de vingt-cinq mille hommes contre une seule
division du 6ᵉ corps. Les prisonniers assurèrent que les Anglo-
Portugais étaient au nombre de trente mille combattants. Le
colonel Lafferrière fut blessé en fournissant une belle charge à la
tête du régiment.

« Le 14 mars, le général Erskin, continuant de poursuivre le
« maréchal Ney, voulant avec des troupes légères déboucher sur
« Casal-Novo, fut arrêté par nos tirailleurs de l'arrière-garde,
« commandés par le général Ferrey. Retenus pendant trois heures
« devant les enclos, les Anglais allaient commencer la poursuite,
« après les avoir enlevés, quand le colonel Lafferrière avec le
« 3ᵉ de hussards fondit sur eux au galop et sabra les plus témé—
« raires (2). »

Le 23, le prince d'Essling donna l'ordre au maréchal Ney de se
rendre de sa personne en Espagne.

Le général Loison prit alors le commandement du 6ᵉ corps.

Le 24, Masséna ordonna le mouvement de retraite sur la Coa.

Le 29, toute l'armée française était sur la rive droite de la Coa.

Le 4 avril, le 6ᵉ corps rentre sur le territoire espagnol et va
camper sous les murs d'Almeida et de Ciudad-Rodrigo.

Depuis le départ de Santarem, nous avions enduré des privations
et des fatigues inouïes ; chaque pouce de terrain abandonné avait
été chèrement disputé à un ennemi qui n'osa jamais nous attaquer
en face ; nous avions fait 332 kilomètres en vingt-cinq jours, suivis
pied à pied sur nos derrières et sur nos flancs, par cent mille
hommes que secondait un terrible allié, la faim !

Le 5 mai, le régiment assista à la bataille de Fuentès-de-Onôro,
chargea la cavalerie anglaise, et la poussa fort loin l'épée dans les
reins ; il enfonça deux carrés de la meilleure infanterie anglaise.

---

1. Thiers, *Consulat et Empire*, t. XXII, p. 538.
2. Thiers, *Consulat et Empire*, t. XXII, p. 542.

Le 6, Masséna passa ses troupes en revue, leur promit les distributions de pain et d'eau-de-vie, et les complimenta dans son ordre du jour, sur leur brillante conduite de la veille.

Le 7, le duc de Raguse remplace le prince d'Essling dans le commandement de l'armée.

Le 11, le maréchal duc de Raguse fit rentrer l'armée française dans ses divers cantonnements ; elle séjourna quelque temps dans les environs de Salamanque.

1812

En 1812, le régiment fait encore partie de l'armée du Portugal ; il avait son dépôt à Pamiers et ensuite à Poitiers. Il assista, le 22 juillet, à la bataille des Arapiles et s'y fit remarquer par son entrain et sa bravoure. Le colonel Rousseau reçut deux coups de sabre à la tête.

1813

« Le 21 juin, après la bataille de Vittoria, le général Reille
« qui avait tenu à toute extrémité sur la Hadorra, se trouvait dans
« une situation fort compromise. Après avoir reçu avec calme et
« vigueur la cavalerie anglaise, il se replia sur Betôno. Il s'y
« enfonça, ce qui permit de parcourir en sûreté une partie du che-
« min qui menait à la route de Pampelune en tournant derrière
« Vittoria. Au sortir du bois, un gros corps de cavalerie l'atten-
« dait. Il le fit charger par le 3ᵉ de hussards et le 15ᵉ de chas-
« seurs, ce qui lui permit de gagner le village d'Arbulo après lequel
« la poursuite recommença aussi vive (1). »

1. Thiers, *Consulat et Empire*, t. XVI, p. 131.

Le 6ᵉ corps arriva le 23 à Pampelune et fut envoyé ensuite dans la vallée de la Bidassoa.

Pendant que la Grande Armée continuait en Allemagne le cours de ses brillantes victoires, l'Empereur avait ordonné, sous le nom de corps d'observation de Bavière, la formation d'une petite armée, aux ordres du maréchal Augereau ; elle se groupait sur les bords du Rhin, autour de Mayence.

Au mois de septembre, le régiment reçoit l'ordre de rejoindre le corps d'observation de Bavière, et traverse de nouveau la France, recevant sur son passage les marques de la plus sympathique admiration.

A la fin de novembre, il fait partie du 5ᵉ corps de cavalerie, composé des divisions de Subervie, Lhéritier et Milhaud, et commandé par le général comte Pajol.

Campagne d'Allemagne. — La défection de la Prusse avait ramené les débris de l'expédition de Russie derrière la Saale. C'est là que Napoléon vint les rejoindre. A son passage à Mayence, il inspecta ces divisions en cours d'organisation ; il trouva la cavalerie belle, quoique jeune, et fortement encadrée, surtout dans les régiments qui avaient combattu en Espagne.

De Mayence, le régiment se dirigea sur Wurtzbourg, laissant un petit dépôt à Hanau. Quelques jours après, l'Empereur appela vers Leipzig le corps d'observation de Bavière.

Batailles de Dresde et de Leipzig. — Les alliés purent alors mettre en ligne 500,000 hommes, divisés en trois armées, qui devaient s'avancer par un mouvement concentrique sur Dresde, pour y enserrer et y étouffer les Français. Napoléon vainquit encore à Dresde, où Moreau, venu des Etats-Unis pour combattre sa patrie, fut tué dans les rangs ennemis (*27 août*). Napoléon, menacé d'être débordé à Dresde, se replia sur Leipzig. La bataille de Leipzig, que les Allemands ont appelée : *la bataille des nations*, dura trois jours. Les Français, écrasés par le nombre, trahis par les Saxons dans la lutte même, furent contraints de reculer (*18 octobre*).

Le général comte Pajol, à la tête des dragons d'Espagne, fut enlevé à la division par un éclat d'obus, qui, éclatant dans le ventre de son cheval, le laissa sans mouvement sur le terrain. Il fut remplacé par le général Milhaud.

Durant ces trois journées, le régiment se fit remarquer par son entrain et sa bravoure. Il chargea plusieurs fois l'infanterie du prince Auguste et l'arrêta.

Soixante mille hommes jonchaient le champ de bataille. Le 3ᵉ de hussards avait beaucoup souffert à la suite de ses brillantes charges. Le 19, au matin, le régiment prit la direction de Lindenau, pendant que l'ennemi mettait Leipzig au pillage.

Le 20 au soir, il couche à Markranstedt; le 21, à Freybourg; le 22, à Ollendorf; le 23, à Erfurth; le 24, à Gotha; le 25, à Eisenach; puis l'armée s'engage dans les défilés de la forêt de Thuringe; le 26, à Hunefeld; le 27, à Fulda; le 28, à Schluchtern; le 29, à Langenselbold; le 30, il continue sa marche dans la forêt de Lamboï flanquant la droite de l'armée. Le régiment se dirigea ensuite sur Mayence.

Le 2 novembre, l'arrière-garde évacuait Francfort et l'armée française repassait le Rhin. La cavalerie seule resta sur la rive droite pour recueillir les blessés et les traînards.

Le 15, il repasse le Rhin et vient cantonner sur la rive gauche à Ingelheim, entre Mayence et Bingen.

Le 1ᵉʳ décembre, à Framersheim; le 5, à Crunstadt; le 13, à Herzenhein, et enfin le lendemain arrive à Strasbourg, où il est employé à la garde du Rhin.

1814

Campagne de France. — La France restait intacte. Napoléon aurait pu la préserver d'une invasion en acceptant comme bases fondamentales de la paix les frontières du Rhin, des Alpes et des Pyrénées que lui proposaient les alliés. Il ne voulut pas croire à la sincérité de leurs offres, et il déclara qu'il fallait combattre encore une fois et combattre en désespérés.

Pour la première fois depuis l'origine de notre histoire nationale, l'Europe entière s'avançait contre la France.

Devant l'invasion, le 5ᵉ corps de cavalerie rétrograde sur Saverne et prend position sur les Vosges.

Le 5 janvier, la division est à Raon-l'Etape.

Le 15, le 5ᵉ corps de cavalerie passe aux ordres du duc de Bellune.

Le 25, l'Empereur vient prendre, à Châlons-sur-Marne, le commandement de la Grande Armée.

Le 29, à la bataille de Brienne, le régiment charge plusieurs fois sur les carrés russes qui sont enfoncés.

Le 10 février, le régiment est en première ligne en avant de Nogent-sur-Seine.

Combat de Montereau (18 février). — Le régiment se fit remarquer en chargeant à trois reprises plusieurs escadrons de hussards autrichiens.

Cette victoire fit dire à l'Empereur : « Mon cœur est soulagé, « je viens de sauver la capitale de mon empire !... » Elle lui donna trois mille prisonniers, quatre drapeaux et six pièces de canon. Le prince de Wurtemberg compta en outre plus de trois mille hommes tués ou blessés.

Dans cette mémorable campagne de France, dans cette lutte héroïque, où chaque jour était marqué par un combat, le 3ᵉ de hussards eut sa large part de gloire.

Sur tous les points, l'ennemi présentait des forces quadruples des nôtres, et, malgré cela, nos hussards, avec le même courage, défendaient pas à pas le sol sacré de la Patrie.

Les alliés arrivaient devant Paris, l'ordre fut donné de marcher sur la capitale. Il n'était plus temps ; la garde n'avait pas encore atteint Fontainebleau que l'on apprit la capitulation de Paris après un combat dans lequel les débris des corps de Mortier et de Marmont avaient été écrasés par toute l'armée alliée.

L'Empereur abdiqua.

A la Restauration, le 3ᵉ de hussards fut nommé : Régiment du Dauphin (*exécution de l'ordonnance du 12 mai*).

1815

Le 20 mars, Napoléon revient de l'île d'Elbe et rentre aux Tuileries.

Le 8 mai, le régiment fait partie de la division de cavalerie légère (*général Castex*) du corps d'observation du Jura, commandé par le général Lecourbe.

Le 15, le dépôt quitte Dôle, pour se rendre à Saint-Jean-de-Losne.

Le 25 juin, le régiment est bivouaqué près de Belfort.

Combat sous Belfort (27 juin). — « Le 27 juin au matin, une
« colonne de quatre mille Autrichiens attaque en queue l'avant-
« garde du général Abbé. Le 52ᵉ régiment de ligne reçut le choc
« avec une rare intrépidité ; mais il fut obligé de céder le terrain,
« par la grande supériorité des assaillants. Les 2ᵉ et 3ᵉ de hus-
« sards, ce dernier aux ordres du colonel Moncey, chargent à fond
« les Autrichiens, les sabrent et les culbutent : c'en était fait, peut-
« être, de toute la colonne autrichienne, si des troupes fraîches ne
« fussent accourues à son secours (1). »

Dans cette brillante affaire, le régiment soutint sa vieille réputation de bravoure en chargeant plusieurs fois et mettant en complète déroute un ennemi dix fois plus nombreux.

Le colonel Moncey fut blessé d'un coup de sabre en fournissant sa troisième charge.

Le 2 juillet, une colonne autrichienne passe le pont de Sevenans

---

1. *Victoires et conquêtes des Français*, t. XXX, p. 34

sur le Doubs, le régiment l'enfonce et la culbute. Un grand nombre de prisonniers fut le résultat de cette charge.

Le 4, le général Lecourbe, à la tête de deux bataillons de gardes nationales du Jura et du 3ᵉ de hussards, fond impétueusement sur la cavalerie ennemie qu'il sabre.

Le 15, trois escadrons sont détachés à l'armée de la Loire, et font partie du 2ᵉ corps de réserve sous les ordres du général comte Pajol.

Le 15 août, le régiment est à Niort.

Le 30, le régiment reçoit le nom de Hussards de la Moselle.

Le 15 novembre, le régiment est licencié.

1816

COMPOSITION

DU

3ᴱ RÉGIMENT DE HUSSARDS

Colonel.	DE NADAILLAC
Lieutenant-colonel.	MOYNIER DE CHAMBORANT
Chef d'escadrons.	LUR-SALUCES
id , ...	KLEIMBERG
Major	BRUCELLE
Capitaine-trésorier.	BUREAU (Antoine)
Capitaine d'habillement	BOCKEL (Jean-Pierre)
Porte-étendard (sous-lieutenant). .	FRANQUIN (Nicolas)
Aumônier	GRENIER

CAPITAINES

Commandants	*En second*
DE BUCY	LAMOTHE (Jean)
DE BEAUREPAIRE-BERRION (Louis)	PILLAULI DE LA BOISSIÈRE (Jean)
DE RUTAUT (Augustin)	GIRARD DU DEFFAUT (René)
JOLLY (Charles)	N.

Lieutenants	*Sous-lieutenants*
DELOS	DE KEROUARTZ (Jacques)
HAY	FEUSIER (Alphonse)
N.	WINDHOLTZ (André)
N.	GUERMONT (Claude)
N.	JACQUET (Jean)

———

DEUXIÈME PARTIE

1816 à 1870

Le 3e de hussards, sous le nom de Hussards de la Moselle, fut réorganisé à Falaise et Alençon du 16 décembre 1815 au 7 avril 1816.

En vertu de l'ordonnance du 23 septembre 1815, il porta l'uniforme suivant :

Pelisse et dolman gris argentin, tresses mélangées, pantalon et shako garance.

Le temps des faits d'armes était passé ; néanmoins les Hussards de la Moselle continuaient dans la paix la brillante carrière tracée par leurs devanciers. Chaque garnison, chaque détachement est signalé par des actes de dévouement.

1816-1817-1818-1819-1820

Le régiment occupa successivement Alençon, Falaise, Hesdin, Saint-Omer, Neufbrisach et Nancy.

1820

Le 14 août, à Nancy, un cavalier se noyait dans la Meurthe, le hussard Manœuvre, du 3e escadron, se jette dans la rivière et sauve son camarade.

1821

Stenay, du 12 octobre 1821 au 7 mars 1822.

Le 12 octobre, le 3ᵉ de hussards se fait remarquer par son courage et son dévouement à l'incendie du village de Beaufort. Les maréchaux des logis Bouchère, Eruy, Bourdeau et les hussards Ligneau, Heyberger, Digot et Duchauffour, qui s'y sont particulièrement distingués, obtiennent une médaille d'argent de 2ᵉ classe.

1822

METZ

1823-1824

Campagne d'Espagne (1). — Une insurrection ayant enlevé le pouvoir absolu au roi Ferdinand VII, les souverains de la Sainte-Alliance, réunis en congrès, à Vérone (1822), donnèrent à Louis XVIII la mission, qu'il réclamait, d'aller rétablir le roi d'Espagne dans ses droits. L'armée d'Espagne, forte de quatre-vingt mille hommes, créée sur les frontières des Pyrénées, sous les ordres de duc d'Angoulême, passe la Bidassoa le 6 avril. Les masses populaires accueillirent les soldats français avec des fêtes et des danses.

Le 11 juin, un corps d'armée, destiné à l'armée d'Espagne et devant porter le n° 5, est créé ; le maréchal de France, marquis de Lauriston, en reçoit le commandement.

---

1. Les documents de cette campagne ont été pris dans l'historique du corps et dans le t. XXXIV, *Victoires et conquêtes des Français*.

Le 3ᵉ de hussards entre dans la composition de ce nouveau corps d'armée.

Le 18, quatre escadrons partent de Metz, pour se rendre à l'armée d'Espagne, où ils constituent, avec le 3ᵉ de chasseurs, la 1ʳᵉ brigade (maréchal de camp de Chastellux) de la 1ʳᵉ division (lieutenant général Ricard).

Le 12 août, le régiment passe la frontière.

Le 19, la 1ʳᵉ brigade arrive sous les murs de Pampelune et assiste au siège de cette ville.

Le 3 septembre, dans une attaque générale faite sur les postes avancés de la garnison de Pampelune, la précision et le sang-froid avec lesquels le régiment seconda les mouvements de l'infanterie sous le feu de l'artillerie de la place, lui méritèrent d'être cité honorablement dans le trentième bulletin des opérations de l'armée des Pyrénées.

Le 28 septembre, le régiment part de Pampelune pour marcher sur Saragosse; il passe à Puente-de-la-Reyna, Caporoso, Tudéla, Alagon et arrive le 3 octobre à Saragosse.

Combat de Tramaced (8 octobre 1823). — Le 27 septembre, dans la nuit, D. Evariste San-Miguel était sorti de Tarragone avec une colonne d'environ trois mille cinq cents hommes d'infanterie et quelques centaines de chevaux, dans l'intention d'essayer une troisième fois de débloquer et de ravitailler la Seu d'Urgel, Figuière (dont il ignorait alors la reddition) et Hostalrich. Echappé à la surveillance des troupes trop peu nombreuses du blocus, il s'était avancé dans la direction de Lérida, en évitant les postes et les colonnes qui pouvaient s'opposer à sa marche; mais bientôt poursuivi par les corps royalistes du baron d'Eroles, des généraux Capape et Santos-Ladron; menacé d'autre part par la division Pécheux, et par celle du général comte d'Espagna, qui arrivaient de Pampelune pour faire le siège de Lérida, il cru devoir jeter son infanterie dans cette dernière place. Courant ensuite la frontière d'Aragon avec sa cavalerie, il cherchait à repasser la Cinca, qu'il avait traversée précédemment, et dont les principaux gués étaient alors gardés par les troupes de Santos-Ladron, lorsqu'il fut joint, le 8 octobre, par la brigade de cavalerie légère (3ᵉ de hussards et 3ᵉ de chasseurs) du général Chastellux, auprès de Tramaced.

A l'approche des Français, D. Evariste San-Miguel, qui s'était arrêté dans ce village pour y reposer sa troupe, en sortit aussitôt et se présenta dans la plaine avec six escadrons échelonnés et couverts par une ligne de tirailleurs ; mais une charge brillante des hussards de la Moselle et des chasseurs du 3ᵉ, habilement conduite par les colonels de Burgraff et Faudoas, culbuta bientôt cette ligne et mit la cavalerie espagnole en déroute complète.

San-Miguel eut cinquante hommes tués et plus de quatre-vingts blessés et tous ses bagages restèrent au pouvoir de notre cavalerie. D. Evariste San-Miguel, percé de plusieurs coups, avait succombé un des premiers.

Le régiment eut un officier tué (M. le lieutenant Abel), plusieurs officiers, sous-officiers et hussards blessés.

L'ordre du jour de la brigade, sur ce combat, porte ce qui suit :

« La vigueur avec laquelle MM. les colonels Burgraff et Fau-
« doas ont conduit leur charge, a décidé du succès de l'affaire.
« M. le lieutenant-colonel de Keissemberg a soutenu son ancienne
« réputation et a tué de sa main un officier supérieur au centre
« d'un escadron. Le général signale également M. le chef d'esca-
« drons de Tilly, les capitaines de Rutaut la Boissière, Pillault,
« les lieutenants Descoutures, Hay, Jacquet, Faure et de
« Kérouartz ; l'adjudant Latard, les maréchaux des logis chefs
« Pottier et Garnier, les maréchaux des logis Lefebvre, Bouchère,
« Barré, le brigadier Deshayes, le trompette Debon, et les hus-
« sards Neuzillet et Gasser tous deux blessés (1). »

L'affaire de Tramaced fut la dernière de la campagne et elle dut accélérer la reddition des places que les constitutionnels

____
1. Archives du corps.

s'obstinaient encore à défendre en Catalogne. Lérida capitula le 18, et les forts d'Urgel se rendirent le 21 octobre.

Après diverses marches et contre-marches, le régiment occupa Saragosse, Fraga, Tarragone, Villafranca et enfin Barcelone pour faire partie de la brigade de cavalerie de la division de Catalogne.

1825

Le régiment quitte l'Espagne le 26 décembre 1824 et rentre en France le 4 janvier 1825, pour aller tenir garnison à Charleville.

Le 22 mai, un escadron pris sur la totalité du régiment est détaché au camp de Reims du 22 mai au 7 juin, pour assister au sacre de Sa Majesté Charles X.

Le 18 juillet, le hussard Hogenbill reçoit une médaille d'honneur de 2ᵉ classe pour avoir sauvé, au péril de sa vie, un ancien militaire qui se noyait dans la Meuse.

L'ordonnance royale du 17 août décide qu'à l'avenir, les régiments ne seront plus désignés que par leur numéro.

1826 à 1839

Charleville, Châlons-sur-Marne, Joigny, Neufbrisach, Wissembourg, Joigny et Meaux.

1840

Le 15 mai, le régiment quitte Meaux pour se rendre à Saint-Cloud et Versailles.

Le 13 novembre, deux cents sous-officiers, brigadiers et hus —

sards du régiment, ainsi que cent chevaux, sont dirigés sur Lunéville, pour être incorporés dans le 9ᵉ de hussards et former le noyau de ce corps, créé par une ordonnance royale du 20 septembre 1840.

1841-1842

Chartres et Châteaudun.

Le 3 octobre 1841, un incendie éclata dans la commune de Campseru; un escadron du régiment se porta rapidement sur le lieu du sinistre et rendit d'importants services en arrêtant les progrès de l'incendie.

Au nombre des militaires qui se firent remarquer par leur courage et leur dévouement, le hussard Ursin, du 3ᵉ escadron, mérita d'être cité d'une manière particulière. Il eut une partie de ses vêtements brûlée, et reçut une légère blessure à la cuisse. Ursin obtint une médaille d'honneur de 2ᵉ classe.

1843

Dans la nuit du 9 au 10 mars, deux incendies éclatèrent simultanément dans la ville de Châteaudun. Les 4ᵉ et 5ᵉ escadrons, arrivés promptement sur les lieux du sinistre, firent preuve du plus grand dévouement. Deux lettres adressées par le sous-préfet et le maire de Châteaudun au chef d'escadrons Croué, lui exprimèrent la reconnaissance des habitants.

Furent cités pour s'être plus particulièrement distingués, les hussards :

4ᵉ escadron. . .
MESTRE, brigadier.
MERCIER, hussard.
BOUTELEUX, —
BIDARD, —
THIBOUT, —

5ᵉ *escadron*. . . {
ORILLON, hussard.
COUTTEY,   —
CROCHET,   —
BOULANGER, —
}

Orillon obtint une médaille d'honneur de 2ᵉ classe.

Le 20 avril, le régiment quitte Chartres et Châteaudun pour aller tenir garnison à Paris.

Le 16 décembre, le hussard Basset du 1ᵉʳ escadron, sortant de l'hôpital de Caen, le matin même, sauve aux environs de cette ville toute une famille composée de six personnes qui avait été précipitée avec une voiture dans une rivière boueuse.

Basset reçut, le 31 janvier 1844, une médaille d'honneur de 2ᵉ classe.

1844-1845

Le 5 octobre, le régiment quitte Paris pour aller tenir garnison à Huningue.

Le 14 juin 1845, un enfant se baignait dans le Rhin près de Huningue. Entraîné par le courant, il allait infailliblement périr, lorsque le brigadier Lebellier, qui passait près de là, se jette tout habillé dans le fleuve et, après des efforts inouïs, parvient à sauver l'enfant.

Lebellier reçut une médaille d'honneur de 2ᵉ classe.

1846-1847

Le 16 octobre 1846, le régiment quitte Huningue pour aller tenir garnison à Clermont-Ferrand.

COMPOSITION

DU

3ᴱ RÉGIMENT DE HUSSARDS

A L'ARMÉE DES ALPES; DÉPOT A VALENCE

Colonel.	GENESTET DE PLANIOL, O. ✳, 18 juin 1848
Lieutenant-colonel	SAGUEZ, Nicolas, O. ✳, 15 mars 1846
Chef d'escadrons.	VETAULT, Théodore, ✳, 11 août 1835
id.	D'ESTIENNE DE CHAUSSEGROS DE LIOUX
Major	LEBOURVA, P.-J.-M., ✳, 28 août 1846
Capitaine-instructeur.	POUZOL, J.-L.-F., 30 janvier 1847
Capitaine-adjudant-major	N.
id.	LEMARCHAND, L.-H., 2 mai 1843
Capitaine-trésorier.	CHAPUIS, Ch.-C.-C., 19 juillet 1843
Adjoint au trésorier (sous-lieutenant)	BOUDRET, A.-E.-J., 29 septemb. 1846
Capitaine d'habillement.	BAUDUIN, C.-B.-J., ✳, 20 déc. 1839
Porte-étendard (sous-lieutenant) . .	VARIN, Pierre, 24 décembre 1846
Lieutenant d'État-Major.	TAISSON
Chirurgien-major de 2ᵉ classe.	MAYAUD, D., 30 mars 1843
Chirurgien-aide-major de 2ᵉ classe. .	MICHELET, 27 juillet 1833
Vétérinaire en 1ᵉʳ	DUFAU, 18 septembre 1846

CAPITAINES

Commandants	*En second*
FAURE, Charles, ✳, 31 juillet 1836	DE LAROCQUE-LATOUR, Ch.-C.-M., ✳, 14 septembre 1838
RICHERT, Ch.-B.-C., 5 mars 1838	THORON, 14 septembre 1838
NAVARIN, Louis, ✳, 17 avril 1841	CHORIÉ, 14 septembre 1838
LASSERRÉ, Charles, ✳, 7 nov. 1841	DUFAUR DE PIBRAC, É.-L., 29 sept. 1843
LUETTE DE LA PILORGERIE, C.-Eusèbe, 15 avril 1842	PUISSAN, F.-J., ✳, 24 décemb. 1846

LIEUTENANTS

En premier

PASTOUREAUX DE LA BRAUDIÈRE, Ph.-L.-Eugène (cmp. d. le s. de la r.), 25 avril 1840

IZARD, Guill.-Isidore, 13 avril 1842

JULLIAN, C.-L.-A.-L., 21 janv. 1844

DESCUDÉ, Jean-Émile, 14 avril 1844

BALESTRIER, Ét.-Henri, 2 mai 1845

En second

BEAUGRAND, Nicolas, 29 sept. 1845

BAYOT, Fr.-Théod., 16 octobre 1845

TESTANIÈRE, B.-G., 24 décemb. 1846

ROUVIÈRE, J.-M.-H.-L., 24 déc. 1846

DUCHEYLARD, J.-Bapt., 24 déc. 1846

SOUS-LIEUTENANTS

VARIN (porte-étendard), 12 nov. 1843

RIGOLOT, Simon-Xavier, 14 avril 1844

GÉRARDIN, Joseph, id.

DAVESIÉS, Élie-Édouard, id.

BOUDRET (adj. au trés.), 29 sept. 1845

DUPUY, Antoine-Aimé, id.

REY, Jean-P.-M., 1ᵉʳ octobre 1845

HAQUIN, Alex.-Edm., 29 mars 1845

TOUATRE, Antoine, 24 décembre 1846

MUZAC, Guillaume, 24 décembre 1846

HUMBERT, Em. (Él. à l'Éc. de caval.), 1ᵉʳ octobre 1847

GEIGER, François, 11 avril 1848

BORIE, Pierre-Alex., 1ᵉʳ mai 1848

EYRAUD, Pierre-Louis, id.

SAURAT, Denis-Hipp., id.

LIGIER, Pierre-Joseph (Él. à l'École de cavalerie), 28 mai 1848

N.

1848

Le 1ᵉʳ avril, les quatre premiers escadrons quittent Clermont-Ferrand, pour se rendre à Vienne (Isère), à l'armée des Alpes.

Le 24, le dépôt se rend à Valence.

Le 17 juillet, le nouvel étendard donné par la République est remis aux escadrons du régiment stationnés à Vienne.

1849

Le 15 mai, le dépôt quitte Valence et se rend à Vienne.

1850

Le 16 août, le régiment se rend à Lyon pour être passé en revue par le Président de la République française.

1851

Le 10 octobre, le régiment se rend à Marseille et Tarascon.

1852

Une députation composée de MM. Genestet de Planhol, colonel; Isard, capitaine commandant; Biot, trompette-major; Chartier, brigadier-trompette; Lafaut et Prunier, hussards de 1ʳᵉ classe, part de Tarascon le 15 avril, pour aller assister à la distribution des aigles à Paris.

1853

Le 19 février, le lieutenant-colonel de Kersalaun, du 6° de dragons, est promu colonel et appelé au commandement du régiment.

Le 4 avril, le régiment quitte Marseille et Tarascon pour aller tenir garnison à Clermont-Ferrand.

1854

Le 7 mai, il est procédé à la formation du 6° escadron.

Le 14 septembre, le régiment se rend à l'armée de Lyon.

1855

Le 26 juin, le régiment quitte l'armée de Lyon pour aller tenir garnison à Libourne et Bordeaux.

1856

Le 1er octobre, le régiment se rend à Bordeaux pour être passé en revue par l'Empereur.

1857

Le 5 octobre, le régiment quitte Libourne et Bordeaux pour aller tenir garnison à Napoléonville.

1858

Le 8 juin, quatre escadrons se rendent au camp de Châlons.

Le 15 octobre, le régiment quitte le camp de Châlons pour aller tenir garnison à Chartres et à Châteaudun.

Le 10 août, un enfant tombé dans le Blavet, à Pontivy, était sur le point de se noyer, lorsque M. le sous-lieutenant Bourseul, attiré par des cris, n'écoutant que son courage, se jette à l'eau et retire l'enfant. Le Ministre de l'Intérieur décerna une médaille de 1ʳᵉ classe à M. Bourseul, en récompense de sa belle conduite dans cette circonstance.

Si de pareils actes n'ont pas l'éclat que donne la valeur à la guerre, ils n'en honorent pas moins leurs auteurs et le régiment auquel ils appartiennent.

1859

Le 30 mars, quatre escadrons se rendent à Paris pour être passés en revue par l'Empereur.

1860

Le 23 mars, le régiment quitte Chartres et Châteaudun pour se rendre à Moulins.

1861

Par décret en date du 12 août 1861, le colonel Euzenou de Kersalaun est promu au grade de général de brigade.

Par décret du même jour, le lieutenant-colonel Tilliard est promu colonel et appelé au commandement du régiment.

1861

COMPOSITION

DU

3ᴱ RÉGIMENT DE HUSSARDS

A SON DÉPART POUR L'ALGÉRIE

Colonel	TILLIARD, J.-M., ✳, 12 août 1861
Lieutenant-colonel	BOURBOULON, Améd., ✳, 28 mai 1856
Chef d'escadrons	PÉRIER, Jean, ✳, 13 août 1857
id.	POUZOL, J.-L.-F., ✳, 14 mars 1859
id.	ROUPH, Ad.-G.-Jacq., 11 août 1859
Major.	CARRICHON, Thomas, ✳, 27 juin 1856
Capitaine-instructeur.	LOUVEL, Joseph-Ch., 14 mars 1859
Capitaine-adjudant-major	BAYOT, Fr.-Th., ✳, 25 juin 1849
id.	TESTANIÈRE, B.-G., ✳, 1ᵉʳ octob. 1853
id.	SAUVIN, Ch.-A.-Ferd., 24 déc. 1858
Capitaine-trésorier	CHAPUY, François, 26 mai 1856
Adjoint au trésorier (sous-lieutenant)	SPECKEL, Théodore, 10 octobre 1858
Capitaine d'habillement	HAQUIN, Alex.-Edm., 1ᵉʳ mai 1854
Porte-étendard.	WAMBERGUE, Émile, 17 mars 1860
Capitaine d'État-Major	CHAMBERT
Lieutenant —	SCHASSÉRÉ
Médecin-major de 2ᵉ *classe.*	SOLLIER, 28 mai 1859
Médecin-aide-major de 1ʳᵉ *classe.* . .	N.
id.	N.
Vétérinaire en 1ᵉʳ.	N.
— *en* 2ᵉ.	DIDIÉ, 4 février 1860
Aide-vétérinaire	BUGNIET, 18 septembre 1857
Chef de musique.	PICARD, Antoine, 28 septembre 1859

CAPITAINES

Commandants	*En second*
BEAUGRAND, Nicolas, ✳, 9 août 1850	DU CHAYLARD, J.-B., ✳, d. dans le s.
DAVESIÉS, Élie-Éd., ✳, 1ᵉʳ mai 1854	de la remonte, 1ᵉʳ mai 1854
GEIGER, Fr.-Joseph, 24 décemb. 1856	DE CHOLET, Henri, 14 mars 1859
BORIÉS, P.-Alex., ✳, 13 août 1857	DE BATSALLE, M.-P.-S.-A., 5 mai 1859
SAURAT, D.-H.-A.-C., 30 déc. 1857	DE HAINAULT DE CANTELOU, Henri-J.-F.,
DE VERNINAC, F.-X.-B., 10 octob. 1858	17 mars 1860
	ALLIOT, Marie-Ludovic
	BOULANGER, L.-A.-P., 29 déc. 1860

LIEUTENANTS

En premier

Brois, Claude, ✻, 13 août 1857
Frizac, P.-L.-A.-E.,   id.
Aubin, Ad.-Eug., 30 décembre 1857
Persil-Berrens, C.-M.-A., 2 août 1858
Michau, Jules, 10 octobre 1858
Canésie, A.-G.-F., 24 déc. 1858

En second

Dumonchau, O.-A.-H., 24 déc. 1858
Hirth, Jacq.-Alex., 14 mars 1859
de Perrinelle-Dumay, L.-Ed. id.
Masson, Joseph-Jules, 17 mars 1860
de Mornay Soult de Dalmatie, P. id.
Cloquet, Jules-Lud., ✻, 29 déc. 1860

SOUS-LIEUTENANTS

de Hys, G.-L.-A. de Salles, 6 oct. 1855
Wambergue (porte-étendard), 12 janvier 1856
Bourseul, Eug.-Fr., ✻, 7 août 1856
d'Auvigny, H.-A. Chabaille, 1ᵉʳ octobre 1856
de Vaudrimey-Davoust, M.-L.-N.-R., 1ᵉʳ oct. 1856, 2 oct. 1856, par suite de changement d'arme
de Moncey, Ad.-Ch., 13 août 1857
de Barrès, Osval-E.-M., 1ᵉʳ oct. 1857
Prunier, Léon, 2 août 1858
Lenormand de Kergré, dét. à l'Ec. I. de cav., 1ᵉʳ octobre 1858
Speckel (adj. au trés.), 10 oct. 1858

de Maynard, G.-B.-Z.-C., 10 oct. 1858
Audevaut, Auguste,   id.
Jeanniot, A.-Oct.-A., 24 déc. 1858
Levavasseur, Éd., 14 mars 1859
de Crussol d'Uzès, A.-A., 1ᵉʳ oct. 1859
de Hys, J.-J. de Salles, 31 oct. 1859
de Morell d'Aubigny, Charles-R., 17 mars 1860
Couture de Troismonts, Ch.-Gabr., 22 août 1860
de Pins, Gér.-P.-M., 1ᵉʳ octobre 1860
de Gantès, T.-A.-L., 29 décemb. 1860

1861-1862-1863-1864-1865

Par ordre ministériel en date du 31 août 1861, le régiment est désigné pour aller en Afrique.

Il s'embarque à Toulon le 12 septembre 1861, sur les frégates l'*Aube* et le *Cacique*, et arrive à Alger les 17 et 21, et à Blidah, lieu de garnison, les 20 et 24 septembre.

Le 20 janvier 1862, le 1ᵉʳ escadron part pour aller tenir garnison à Milianah, et le 6ᵉ escadron pour Orléansville.

Le 20 avril 1862, une colonne commandée par le lieutenant-colonel Bourboulon, composée des 1ᵉʳ et 6ᵉ escadrons du régiment, d'un escadron de chasseurs d'Afrique et d'un escadron de spahis, part de Milianah pour parcourir les subdivisions d'Aumale et de Dellys. Rentrée à Blidah, le 3 juin.

Le 22 avril 1863, une expédition dite du vert, commandée par le colonel Tilliard, composée des 2ᵉ et 3ᵉ escadrons du régiment, d'un escadron de chasseurs d'Afrique et d'un escadron de spahis, se concentre à Milianah pour parcourir les subdivisions de Milianah, Médéah, Aumale et Dellys. Rentrée à Blidah, 4 juin.

Le 11 avril 1864, les 1ᵉʳ et 6ᵉ escadrons, commandés par le chef d'escadrons Savin de Larclause, partent de Blidah pour se rendre à Laghouat où quelques signes d'insurrection se sont manifestés. Arrivés à Boghar, l'insurrection menaçant de s'étendre par suite de la défection de plusieurs tribus, la marche des deux escadrons est suspendue jusqu'à l'arrivée de nouvelles troupes.

Le 22 avril, le général de division Yusuf forme, à Boghar, une colonne expéditionnaire dite du Sud, qui se porte, le 27, sur Laghouat, Taojèrouna et El-Gricha où les tribus dissidentes du Djebel-Amour font leur soumission. Elle continua sa marche sur Taguin, Chellala et retourne à Boghar, le 30 juin, où elle est dissoute. Rentrée des escadrons à Blidah, 4 juillet.

Le 23 avril, une colonne d'observation dite du Sersou, est placée sous les ordres du général Liébert; le colonel Tilliard est désigné pour commander la cavalerie, composée des 4ᵉ et 5ᵉ escadrons du régiment et d'un escadron de spahis.

Rentrée à Orléansville, 2 juillet.

Le 29 mai, départ du 2ᵉ escadron, sous les ordres du capitaine Geiger, pour faire partie de la colonne d'observation des Beni-Ouraghs, commandée par le colonel Lapasset. Rentrée à Orléansville, 2 juillet.

Le 4 juillet, les 2ᵉ et 4ᵉ escadrons, commandés par le chef d'escadrons de Reinach, font partie de la colonne du Dahra, sous les ordres du colonel Lallemand.

La présence de cette colonne suffit pour faire rentrer dans le devoir les habitants de cette contrée.

Le 11 juillet, le 6ᵉ escadron quitte Blidah pour faire partie d'une colonne d'observation placée à Chellala, sous les ordres du colonel Archinard. Rentrée à Blidah, 6 décembre.

Le châtiment infligé aux tribus rebelles que cinq colonnes foulent depuis plusieurs mois, la persistance des colonnes Deligny et Yusuf à occuper le sud, semblent avoir ramené tout le monde à l'obéissance; lorsqu'au mois de septembre, en face d'une colonne campée à Charef, les Larbaas sont enlevés par le Marabout des Ouled-Sidi-Cheichk. La défection des Larbaas est suivie par celle des tribus du cercle de Boghar, quelques tentes de Teniet-el-Had, de Médéah et enfin par la grande confédération des Ouled-Madhi de la province de Constantine.

L'insurrection des nomades est générale et leur départ, dans le cercle de Boghar, est accompagné d'assassinats, de meurtres et d'attaques sur toute la ligne des caravansérails, qui sont incendiés; Boghar même est insulté.

Toutes les troupes sont mises sur pied et de nombreuses colonnes partent en toute hâte.

Le 9 septembre, les 2ᵉ, 4ᵉ et 5ᵉ escadrons sont réunis, à Boghar, à la colonne commandée par le général de division Yusuf.

Le 15 septembre, le régiment atteint l'ennemi à Aïn-Zafrant, le charge et le culbute.

Le colonel Archinard le cite à l'ordre de la colonne dans les termes suivants :

« Le 3ᵉ régiment de hussards a chargé l'ennemi avec une telle
« furie que les Arabes ont été culbutés et si vigoureusement
« suivis l'épée aux reins qu'ils se sont éloignés à toute bride.

« Ce combat de cavalerie fait le plus grand honneur aux hus-
« sards et spahis qui y ont pris part.

« Officiers, sous-officiers et soldats ont rivalisé de vigueur et
« d'entrain (1).

« Signé : Colonel ARCHINARD. »

Le 26 septembre, la colonne Yusuf est à Laghouat, le 3ᵉ escadron se joint aux trois autres du régiment.

Le 1ᵉʳ octobre, les 2ᵉ et 4ᵉ escadrons quittent la colonne Yusuf,
pour faire partie de celle du général Liébert qui a l'ordre d'aller
à Serguin chercher un convoi.

De son côté, le général Yusuf s'enfonce dans l'est à la requête
du général Le Poitevin de la Croix, qui essayait de cerner les
Ouled-Madhi, dans le pays montagneux des Ouled-Ferradj.

Les Ouled-Madhi, après des combats de peu d'importance, échap-
pent aux généraux Yusuf et Le Poitevin de la Croix et se rabattent
vers l'ouest. Ils vont rejoindre le marabout appelé à Zenina par
les Ouled-Nayls. Ces derniers s'étaient révoltés, eux aussi, malgré
la présence de nos colonnes au milieu d'eux.

Le général Yusuf, informé de ce mouvement, lance à la suite des
Ouled-Madhi la cavalerie du colonel Margueritte, appuyée par
un bataillon de zouaves. Il avertit en même temps le colonel Guio-
mar, du 77ᵉ de ligne, qui commande à Djelfa, de se porter avec tout
ce qu'il pourra réunir de monde à Aïn-Malakoff. Il y avait un puits
artésien construit par nous à Zahrès, seul endroit où une émigration aussi considérable que les Ouled-Madhi pouvait trouver
de l'eau en quantité suffisante.

De son côté, la colonne Liébert ayant promptement accompli sa

____
1. Archives du corps.

tâche à Serguin, en revenant par des marches rapides pour déposer son convoi à Djelfa, apprit par un cavalier des Abaziez, envoyé par le capitaine Gibon, commandant le poste de Djelfa, le mouvement des Ouled-Madhi, la force de cette émigration et le chemin qu'elle suivait.

Sans perdre une minute, le général Liébert marche à la tête de ses trois escadrons (2ᵉ et 4ᵉ du 3ᵉ de hussards et un de spahis) précédé par le goum et suivi de quelque infanterie. Cernés ainsi, après un combat dont la colonne Liébert eut l'honneur, ils s'enfuirent laissant entre nos mains femmes, enfants et tous leurs troupeaux.

Dans son rapport au maréchal, le général Liébert s'exprime ainsi :

Aïn-Malakoff, le 8 octobre 1869.

« Officiers, sous-officiers et soldats,

« Je suis heureux pour vous, et aussi pour la cause que nous
« défendons, de pouvoir signaler au maréchal votre brillant succès
« d'hier.

« Hier vous n'étiez que cent soixante cavaliers et vous vous
« êtes jetés tête baissée sur les tribus réunies d'Essel-Math, des
« Ouled-Madhi, des Ouled-Ferradj, etc., etc... Certes, en vous
« voyant à l'œuvre, les vieux soldats de l'Algérie n'auraient pas
« désavoué leurs frères.

« Vous chargiez comme l'ouragan, au milieu des flots épais de
« vos adversaires, et ceux que vos sabres n'ont pu atteindre n'ont
« dû leur salut qu'à la fuite.

« Les vaincus ont laissé entre vos mains, trois mille cinq cents
« chameaux, trente mille moutons, un millier de bœufs et des
« objets de toute nature représentant une valeur de plus de un
« million cinq cent mille francs, résultat immense qui aura du
« retentissement dans le pays, aussi bien dans les populations
« insoumises que dans les tribus restées fidèles.

« Ce coup de main audacieux fait le plus grand honneur aux
« escadrons de cavalerie de M. le lieutenant-colonel Collot

6

« 2ᵉ et 4ᵉ escadrons du 3ʳ régiment de hussards et 2ᵉ escadron du
« 1ᵉʳ régiment de spahis.

« Il prouve une fois de plus tout le parti que l'on peut tirer d'une
« cavalerie entreprenante, habilement dirigée.

« Vos pertes sont cruelles, mais, grâce à la vigueur déployée,
« elles ne sont pas cependant en rapport avec les résultats
« obtenus.

« Au plus fort de la mêlée, le lieutenant de Moncey tombait
« noblement à la tête de son peloton et deux hussards se faisaient
« hacher sur son corps; Parent, jeune sous-lieutenant de spahis,
« recevait une balle dans le bras et une autre en pleine poitrine;
« d'Aubigny et de Girardin, sous-lieutenants de hussards, étaient
« frappés d'un coup de feu, le premier dans le bras, le second
« dans la cuisse. J'espère que nous conserverons ces trois bril-
« lants officiers et j'espère aussi leur faire obtenir la récompense
« qu'ils ont bien méritée (1).

« Signé : Liébert. »

Après cette razzia, les quatre escadrons remontèrent vers Boghar,
et de là se rendirent à Frendah, dans la province d'Oran, où ils
restèrent en position jusqu'au 15 décembre.

Le 9 janvier 1865, rentrée des quatre escadrons à Blidah.

Pendant cette expédition aussi pénible que laborieuse, com-
mencée par cinquante-trois degrés de chaleur sous la tente et qui
se terminait par huit degrés de froid, au milieu des neiges et des
pluies diluviennes, les hommes supportèrent les fatigues et les privations avec une constance égale à leur bravoure.

Le 24 avril, les 1ᵉʳ, 2ᵉ et 3ᵉ escadrons se rendent à Alger assister
au débarquement de l'Empereur et lui servir d'escorte pendant
son séjour dans la province.

Le 30 mai, rentrée des escadrons à Blidah.

Rentrée du régiment en France. — Le 13 mars 1865, le régiment
reçut l'ordre de quitter l'Algérie pour rentrer en France.

---

1. Archives du corps.

Il s'embarqua à Alger, les 10 et 16 juillet, sur le transport *le Jura*, débarqua à Port-Vendres les 13 et 24 du même mois et se rendit à Carcassonne.

1866-1867-1868-1869-1870

Carcassonne, Maubeuge, Avesne, Landrecies, Paris, Chambéry et Lyon.

Le 21 mai 1870, à Lyon, les chevaux sont menés à l'eau dans le Rhône. Le hussard Gessel, enfreignant les ordres et dépassant les limites tracées, est entraîné par le courant et périt victime de son imprudence. Malheureusement, un grand nombre de ses camarades n'écoutant que leur dévouement, se précipitèrent à sa suite sans pouvoir réussir à l'atteindre et trois d'entre eux succombèrent à cet acte de bravoure : le brigadier Carbonnier et les hussards Adam et Verquin.

Dans ce triste accident, les maréchaux des logis Kuentz et Bernardin, le brigadier Mercier et les hussards Micheug, Gillibert et Serres se distinguèrent par leur courage.

Le général Duhesme, commandant la division de cavalerie adressa à ce sujet au colonel la lettre suivante :

« Mon cher colonel,

« J'ai lu avec une douloureuse émotion les tristes détails con-
« tenus dans votre rapport sur le déplorable événement qui a causé
« la mort de quatre hommes de votre régiment.

« Mes regrets s'élèvent à la hauteur de mon admiration en
« voyant le noble élan des braves soldats qui se sont précipités
« dans le Rhône au secours d'un de leurs camarades.

« Trois d'entre eux ont payé de leur vie leur sublime dévouement ;
« veuillez exprimer à ceux qui survivent toute ma satisfaction pour
« leur belle conduite, et en faire l'objet d'une citation à l'ordre du
« régiment et qui sera inscrite sur leurs livrets.

« Une citation sera inscrite également sur les livrets des
« hommes qui sont morts, victimes de leur dévouement.

« Ecrivez aux parents de ces jeunes soldats en leur exprimant
« les regrets de chacun et la douloureuse impression produite par
« cet événement.

« Recevez, mon cher colonel, l'assurance de mes sentiments les
« plus distingués et de mon sincère attachement (1).

« Signé : Général DUHESME. »

Exposer sa vie de la sorte, mourir victime de son dévouement,
n'est-ce pas aussi méritoire sinon aussi glorieux que mourir au
champ d'honneur?

Par décret en date du 16 juillet 1870, le colonel Tilliard est
promu au grade de général de brigade.

Par décret du même jour, le colonel de Viel d'Espeuilles est
appelé au commandement du régiment.

1. Archives du corps.

1870

COMPOSITION

DU

3ᴱ RÉGIMENT DE HUSSARDS

A SON ENTRÉE EN CAMPAGNE

Colonel . . . . DE VIEL D'ESPEUILLES, ✳, 12 mars 1870
Lieutenant-colonel . . . . DE REINACH, M.-S., O. ✳, 27 fév. 1869
Chef d'escadrons. . . . . DE BARBANÇOIS, Hel.-Jacques-Franc.,
                                  O. ✳, 25 mai 1867
        id. . . . . REY, J.-P.-M., ✳, 27 février 1869
        id. . . . . HELLEBOÏD, V.-Joseph, ✳,   id.
Major . . . . DIJOLS, M.-J.-Alb., ✳, 16 août 1866
Capitaine-instructeur . . . . LOUVEL, J.-Charles, ✳, 14 mars 1859
Capitaine-adjudant-major. . . . . . DE COURCIVAL, Gust.-Alex.-M.-Tim.
        id . . . . STELLAGE-BAIGNEUX, ✳, 8 janv. 1865
        id . . . . : . . . . . . DUMONCHAU, O.-A., ✳, 8 juillet 1865
        id . . . . RENAULT-MORLIÈRE, E.-P., 10 mai 1866
Capitaine-trésorier . . . . MICHAU, Jules, ✳, 17 janvier 1863
Adjoint au trésorier (sous-lieutenant) VALAT, L.-A.-A., ✳, 5 mai 1863
Capitaine d'habillement . . . . SAURAT, D.-H.-A.-C., ✳, 30 déc. 1857
Porte-étendard (sous-lieutenant). . BRUGUIÈRE, P.-Hipp., ✳, 30 oct. 1867
Lieutenant d'État-Major. . . . . . . DE PERETTI, 5 janvier 1870
Médecin-major de 2ᵉ classe. . . . . QUILLAUT, ✳, 14 mars 1863
Médecin-aide-major de 1ʳᵉ classe. . . COURTIN, 31 décembre 1863
        id . . . . N.
Vétérinaire en 1ᵉʳ. . . . . ANSBERQUE, 4 août 1869
   —   *en 2ᵉ.* . . . . JACOPPÉ, 24 janvier 1866
Aide-vétérinaire . . . . LUTROT, 25 octobre 1862

CAPITAINES

Commandants	*En second*
DE HAINAULT DE CANTELOU, Henri, ✳, 17 mars 1860	PÉCATIER, ✳ (dét. dans le service de remonte), 12 août 1861
ALLIOT, M.-L., ✳, 17 mars 1860	DE HYS, G.-L.-A. de Salles, ✳ (dét. dans le s. de rem.), 30 oct. 1867
AUBIN, Ad.-Eug., ✳, 17 nov. 1862	DE GILLABOZ, Fr.-J.-Ern., 4 mars 1869
CANÉSIE, Alfred, ✳, 18 avril 1863	LISTON, Désiré-Ch., 8 août 1869
DE PERRINELLE-DUMAY, L., ✳, 20 janvier 1866	FORICHON, Ch. (dét. dans le serv. de remonte), 15 octobre 1869
SPECKEL, Théodore, ✳, 8 août 1869	

LIEUTENANTS

En premier

DE KERGRÉ, Alex.-L.-P. Lenormant (dét. aux bur. arab.), 6 janv. 1865

CABASSE, Joseph, ✱, 20 janv. 1866

DE TROISMONTS, Ch.-Gabr. Couture, 13 mars 1867

FERRY, Ferdinand, ✱, 13 mars 1867

DE PRÉMARC, Alfred-Dumouchel, ✱, 29 mai 1867

DIEUDÉ, Léon-Jules, ✱, 14 août 1867

En second

DE BATSALLE, Marie, ✱, 30 oct. 1867

LASSIME, Antoine, détaché à l'École impériale de cavalerie comme lieutenant-instr., 30 octob. 1867

DE GIRARDIN, J.-M., ✱, 4 mars 1868

BRA, Ubrick, ✱, 8 août 1869

BAYART, Louis-Joseph, 15 oct. 1869

COFFINIÈRES, Henri-Louis,   id.

SOUS-LIEUTENANTS

GARDANNE DE VAULGREMAND, Camille, 5 mai 1859, 16 août 1860, interr. 1 an 2 mois 11 jours

VALAT (adj. au trés.), ✱, 18 avril 1863

BRUGUIÈRE (p.-étend.), ✱, 13 août 1863

SPITZER, Eugène,   id.

LE MARESCHAL, H.-M., 14 mars 1864

DE LESPARDA, Paul, 1ᵉʳ octobre 1864

BELLAUD, Marie-Cél., 8 juillet 1865

BARBIER, Paul, 1ᵉʳ octobre 1866

EZEMAR, Jean, dét. à l'Éc. impériale de cavalerie comme sous-écuyer, 13 mars 1867

NICARD, Jean, 13 mars 1867

MERCIER, Jean, 29 mai 1867

PÉGUILHAN, L.-J.-S., 14 août 1867

LACOSTE, Laurent, 30 octobre 1867

BEUVE, Arthur,   id.

DE LABROUSSE, Pierre, 1ᵉʳ oct. 1868

DELACOUR, Marcellin, 8 août 1869

DE BAR, Étienne-Gust.,   id.

DE VASSINHAC D'IMÉCOURT, Charles, 1ᵉʳ octobre 1869

BOST, Geoffroy, 15 octobre 1869

N.

TROISIÈME PARTIE

1870 à 1886

CAMPAGNE DE 1870-1871

La Prusse, depuis Sadowa, se dressait en rivale menaçante de la France, et les relations avec cette puissance étaient difficiles. Déjà diverses causes de conflit avaient été écartées par la diplomatie européenne, lorsque surgit la candidature d'un prince de la maison de Hohenzollern au trône d'Espagne. Ce fut là le prétexte futile d'une guerre terrible.

Le 10 juillet, la guerre fut déclarée.

Le régiment traversa sans défaillance cette période douloureuse de notre histoire militaire. Il fit sous les ordres des braves colonels d'Espeuilles et de Kerhué noblement et glorieusement son devoir.

L'armée française, sous les ordres suprêmes de Napoléon III, avec le maréchal Le Bœuf, comme major général, fut constituée en sept corps d'armée qui, réunis en une seule masse, prirent le nom d'armée du Rhin. La garde impériale forma la réserve.

Les corps d'armée se concentrèrent sur les points suivants :

1ᵉʳ corps, maréchal DE MAC-MAHON, à Strasbourg.

2ᵉ corps, général FROSSARD, à Saint-Avold.

3ᵉ corps, maréchal BAZAINE, à Metz.

4ᵉ corps, général DE LADMIRAULT, à Thionville.

5ᵉ corps, général DE FAILLY, à Bitche et Sarreguemines.

6ᵉ corps, maréchal CANROBERT, à Châlons.

7ᵉ corps, général Félix Douay, à Belfort.

Garde impériale, général Bourbaki, à Metz.

Réserve générale de cavalerie, généraux du Barail, de Bonne-mains, de Forton, à Lunéville.

Réserve générale d'artillerie, général Canu, à Lunéville et Toul.

L'ensemble de ces corps présentait, du 2 au 6 août, un effectif de 272.000 hommes.

La Prusse, dont les troupes furent promptement mobilisées, forma trois armées sous les ordres du roi Guillaume, avec le général de Moltke comme chef d'état-major. La 1ʳᵉ à droite sous Steinmetz ; la 2ᵉ au centre sous le prince Frédéric-Charles ; la 3ᵉ à gauche sous le prince royal de Prusse. Ces trois masses avaient du 2 au 6 août, un effectif de près de 400.000 hommes soutenus en arrière par de grands corps mobiles et par les levées de la landwehr.

Le 18 juillet, le régiment fait partie de l'armée du Rhin, division de cavalerie du 1ᵉʳ corps, commandée par le général Duhesme.

1ʳᵉ Brigade. Général DE SEPTEUIL . . . . $\Big\{$ 3ᵉ de hussards

               11ᵉ de chasseurs

2ᵉ Brigade. Général DE NANSOUTY. . . . . . $\Big\{$ 2ᵉ de lanciers / 10ᵉ de dragons / 6ᵉ de lanciers

3ᵉ Brigade. Général MICHEL. . . . . $\Big\{$ 8ᵉ de cuirassiers / 9ᵉ de cuirassiers

Au moment de la mobilisation, le régiment comptait quarante-huit officiers, six cent soixante-deux hommes et six cent vingt-six chevaux.

Il quitta Lyon par les voies ferrées le 23 juillet et le 24 à midi, il se trouvait en entier réuni à Strasbourg. A trois heures, départ pour Brumath.

Le 25, séjour à Brumath.

Le 26, départ pour Soultz.

Le 27, le régiment est placé en grand'garde à Schœnembourg pour surveiller la route de Wissembourg à Haguenau.

Le 28, séjour à Soultz.

Le 28, l'Empereur arrivait à l'armée du Rhin et adressait à l'armée la proclamation suivante :

« Soldats !

« Je viens me mettre à votre tête pour défendre l'honneur et le
« sol de la patrie.

« Vous allez combattre une des meilleures armées de l'Europe ;
« mais d'autres qui valaient autant qu'elle, n'ont pu résister à
« votre bravoure. Il en sera de même aujourd'hui.

« La guerre qui commence sera longue et pénible, car elle aura
« pour théâtre des lieux hérissés d'obstacles et de forteresses ;
« mais rien n'est au-dessus des efforts persévérants des soldats
« d'Afrique, de Crimée, de Chine, d'Italie et du Mexique. Nous
« prouverons une fois de plus ce que peut une armée française
« animée du sentiment du devoir, maintenue par la discipline,
« enflammée par l'amour de la patrie.

« Quel que soit le chemin que nous prenions hors de nos fron—
« tières, nous y trouverons les traces glorieuses de nos pères. Nous
« nous montrerons dignes d'eux.

« La France entière vous suit de ses vœux ardents, et l'univers
« a les yeux sur vous. De nos succès dépend le sort de la liberté
« et de la civilisation.

« Soldats, que chacun fasse son devoir, et le Dieu des armées
« sera avec nous !

« Signé : NAPOLÉON. »

Le 29, le général de Septeuil fait une reconnaissance sur Wissembourg avec tout le 3ᵉ de hussards et le 2ᵉ de lanciers. Les habitants signalent des forces considérables se massant entre Wissembourg et Landau. On voit le factionnaire ennemi sur la tour de Saint-Paul, à cinq cents mètres de ce village.

Le 30, un peloton en reconnaissance, commandé par le sous lieutenant Lacoste, est attaqué par une embuscade bavaroise. Les hussards chargent les fantassins à tunique bleu de ciel, les dispersent et rapportent des effets d'équipement abandonnés par l'ennemi. Le 31, séjour à Soultz.

Le 1ᵉʳ août, par ordre de Monsieur le maréchal commandant le 1ᵉʳ corps, le régiment est attaché à la 1ʳᵉ division d'infanterie, général Ducrot, et le 11ᵉ de chasseurs à la 2ᵉ division, général Douay.

Le 2, le régiment fournit deux grand'gardes, la première à Schœnembourg, la deuxième dans la direction de Lembach.

Le 3, un escadron est détaché au col du Pigeonnier avec le général Ducrot. Les autres quittent Soultz à sept heures du soir, avec la division Douay, et le 11ᵉ de chasseurs qui y était attaché. La brigade s'établit à dix heures du soir, près du village de Rott. Avant le départ des escadrons un petit dépôt est formé et envoyé à Haguenau sous le commandement du capitaine Liston, mais il est bien vite obligé de se retirer sur Strasbourg, les Prussiens s'étant emparés de Haguenau.

Combat de Wissembourg (4 août). — Le régiment était au bivouac à trois kilomètres de Wissembourg, près du village de Rott, lorsque vers les sept heures et demie du matin, on entendit du côté de Schweigen le canon qui tirait sur Wissembourg. Ordre est donné de monter à cheval et quelques instants après, le cinquième escadron est déployé en tirailleurs faisant face vers Lauterbourg. Cet escadron échange quelques coups de feu avec de l'infanterie ennemie embusquée dans une houblonnière.

A 9 heures, le régiment reçoit l'ordre d'aller prendre place en soutien de batteries de mitrailleuses et le 5ᵉ escadron est remplacé par un du 11ᵉ de chasseurs.

A 10 heures, le général Douay est mortellement atteint d'un éclat d'obus, au moment où il venait de placer lui-même la batterie de mitrailleuses et le général Pellé prend le commandement de la division.

A 3 heures, la division Douay faiblit et perd du terrain. Sur toute la ligne, l'armée reçoit l'ordre de se replier; le régiment suit le mouvement jusquà Climbach, où il arrive à 9 heures du soir.

M. Quillaut, médecin-major du régiment, est fait prisonnier dans la ferme de Schaubuch, où il soignait le général Douay et les blessés qui étaient avec lui.

Les pertes du régiment dans cette journée, s'élevèrent à vingt-neuf hommes tués ou prisonniers.

Le 5 août, le régiment quitte Climbach à minuit, et arrive à Frœschviller à sept heures du matin.

Bataille de Reichshoffen (6 août). — Le régiment était à un kilomètre de Frœschwiller lorsqu'il reçut l'ordre de se porter en réserve en arrière et à droite de ce village.

Vers une heure, l'infanterie fatiguée par le feu qu'elle soutenait depuis sept heures du matin fit un mouvement pour permettre à la cavalerie de se placer en première ligne.

Les charges brillantes mais infructueuses de la brigade de cuirassiers, général Michel, n'empêchèrent pas l'infanterie prussienne de couronner les crêtes et de diriger sur la cavalerie un feu violent.

La cavalerie est dispersée dans les bois, mais quelques instants après, le colonel d'Espeuilles rallie le régiment et le porte sur la route de Frœschwiller à Reichshoffen, et ensuite en arrière de l'église de Reichshoffen.

Le maréchal de Mac-Mahon arrive peu de temps après, voit le 3ᵉ de hussards dans le plus grand ordre, le fait complimenter sur son attitude, et donne l'ordre de prendre la route de Saverne.

Retraite du régiment. — Dans cette retraite, le 3ᵉ de hussards donna des preuves éclatantes de toutes les vertus militaires dont il était pénétré. A trois heures, il se replie sur Niederbronn à travers champs et arrive à Saverne le 7, à deux heures du matin, compact et toujours discipliné.

De Saverne, il alla à Phalsbourg, puis le 8, à Sarrebourg; le 9, à Blamont; le 10, à Lunéville; le 11, à Haroué; le 12, à Vézelize; le 13, à Aroff; le 14, à Neufchâteau; le 15, à Tomans-les-Moulins; le 16, à Joinville; le 17, à Larzicourt; le 18, à Vitry; le 19, à Sermaize; le 20, à Saint-Germain-la-Ville; le 21, au camp de Châlons; le 22, séjour au camp de Châlons; le 23, départ du camp de Châlons à cinq heures du matin. La division de cavalerie commandée par le général Duhesme et composée des mêmes régiments qu'au début de la campagne, arrive à Saint-Hilaire-le-Grand à cinq heures du matin. Le 24, à Juniville; le 25, à Attigny; le général Duhesme, atteint de la maladie qui doit l'enlever deux semaines plus tard, quitte le commandement de la division qu'il remet au général Michel, un de ses dignes lieutenants. Le 26, à Montgon; le 27, à Terron; le 28, au Chêne-Populeux; le 29, à Raucourt, où l'on arrive le matin. Dès le début de la marche, on apprend que des voitures du 4ᵉ hussards (7ᵉ corps) sont attaquées par des dragons prussiens à deux kilomètres du Chêne, sur la route des Alleux. Deux escadrons du régiment partent aussitôt au galop dans cette direction et attaquent les cavaliers ennemis qui se replient bientôt, en démasquant deux nouveaux escadrons pour protéger leur retraite. Un excellent soldat, le brigadier Malbranque, est tué dans cet engagement.

Les escadrons reçoivent l'ordre de se retirer pour laisser l'ennemi tomber dans une embuscade d'infanterie placée dans un bois en face de lui.

Un officier général prussien s'avance en reconnaissance, suivi de quelques cavaliers; mais un homme de l'embuscade fait feu trop tôt et la reconnaissance ennemie se replie sur les Alleux.

En même temps, trois officiers et trente hussards, ayant su qu'un convoi du 5ᵉ corps était abandonné par ses conducteurs sur la route de Mézières au Chêne, se dirigent vers ce point et ramènent trois voitures de vivres qui servent aux distributions.

Le 30, le régiment passe la Meuse sur un pont de bateaux et arrive à Douzy. Le 31, la brigade Septeuil campe sur les glacis du nord de Sedan et y couche.

Bataille de Sedan. — Le 1ᵉʳ septembre, à quatre heures du matin, un coup de canon donna le signal de l'attaque ennemie sur Bazeilles.

A cinq heures, la brigade de Septeuil monte à cheval et va prendre position sur un plateau faisant face à Floing. La division Michel vient la rejoindre.

A ce moment, on apprend que le maréchal de Mac-Mahon vient d'être blessé grièvement, et que le général Ducrot prend le commandement.

Vers neuf heures et demie, une batterie ennemie ouvre un feu violent sur la cavalerie et l'oblige à se retirer derrière un pli de terrain. Deux pelotons sont renversés presque en entier. M. le sous-lieutenant Brahaut et quelques hussards sont tués.

A dix heures, le régiment exécute un passage de ligne pour se porter en avant, avec mission d'appuyer la fameuse et brillante charge des 1ᵉʳ et 2ᵉ de chasseurs d'Afrique.

Les chasseurs d'Afrique sont ramenés presque aussitôt, et la charge, reconnue impraticable ou inutile, n'est pas commandée.

L'artillerie prussienne a couronné, à l'est, les hauteurs de Givonne, et ouvre un feu formidable sur la cavalerie. A onze heures, le cercle de feu est presque fermé et la position n'est plus tenable. La division prend le chemin de Courbion, que l'armée prussienne n'a pas encore occupé.

Après avoir traversé le ruisseau de Daigny, la division trouve le chemin obstrué par des pièces d'artillerie enclouées et est obligé de passer en colonne par deux, sous le feu meurtrier de deux compagnies prussiennes qui sont à peine à deux cents mètres et séparées malheureusement par un petit ravin à pic qui ne laisse pas à la cavalerie la faculté de les charger.

Le général Michel activa la marche de la division et, le 4 septembre, après des efforts inouïs, arriva à Landrecies.

La veille, le colonel Dastugue, du 11ᵉ de chasseurs, et le capitaine adjudant-major Renault-Morlière, du régiment, avaient été chargés d'aller porter à Paris la nouvelle du désastre, et prendre les ordres du Ministre.

Les pertes de la journée du 1er septembre furent :

M. Brahaut, sous-lieutenant, tué.

Les maréchaux des logis Jacquard, Beaujard et Louis, un brigadier et quatre hussards sont tués.

M. Ferry, lieutenant, et deux hussards sont blessés.

Le capitaine de Courcival, commandant le 3e escadron, eut son cheval tué sous lui.

Quinze hommes furent internés en Belgique, et quarante-quatre prisonniers en Prusse.

Dans cette terrible journée, le régiment eut à déplorer la mort de son ancien colonel, le général Tilliard, tué au moment où ses deux régiments se repliaient, sous une grêle d'obus, dans le bois de la Garenne.

Le général Tilliard marchait en tête de sa brigade (1er de hussards et 6e de chasseurs), et se tournant vers ses hommes, s'écria : « Mes enfants, il nous faut tous mourir pour la France aujourd'hui. »

Il ne croyait pas si bien dire, le brave général.

Au milieu du bois, un obus éclate contre lui et le renverse de cheval. Son aide de camp, le capitaine d'état-major Proust, est tué par un éclat du même projectile.

Le colonel de Baufremont, du 1er hussards, qui suit, met aussitôt pied à terre et soulève le corps du général qui n'est plus qu'un cadavre d'où s'échappe un long flot de sang.

Le ventre a été emporté par l'obus, le bras droit broyé ; la main, gantée de brun clair, serre encore convulsivement la poignée de l'épée brisée.

Sedan capitula le 2 septembre.

Napoléon III remit son épée au roi Guillaume, et l'armée française, désarmée, fut dirigée sur l'Allemagne.

Le 5, la division Michel reçoit, par dépêche, l'ordre de se diriger, par chemin de fer, sur Versailles, où elle arrive le 6.

Sedan fut l'effondrement de l'Empire. Paris proclama la République le 4 septembre, et il se forma un Gouvernement provisoire qui prit le nom de Gouvernement de la Défense Nationale. Le général Trochu en eut la présidence.

L'armée, victorieuse à Sedan, arriva sous Paris et l'investit entièrement. Paris arrêta plus de quatre mois l'armée allemande et ne céda qu'à la famine (28 janvier 1871).

Le 8 septembre, le régiment quitte Versailles, par les voies ferrées, pour aller se reformer à Chambéry, où était resté le dépôt commandé par le major Dijols.

Campagne de Normandie. — Le 19 septembre, les 1ᵉʳ, 2ᵉ, 5ᵉ et 6ᵉ escadrons (quatre cent quatre-vingts hommes et quatre cent quarante chevaux) reçoivent l'ordre de se rendre à Rouen, par les voies ferrées, où ils arrivent le 23, pour faire partie d'un petit corps d'armée, commandé par le général Gudin et ensuite par le général Briand.

Ce corps en formation est confié au colonel d'Espeuilles, qui se transporte, le 30, à Gournay et occupe le pays de Bray avec le régiment et trois bataillons de mobiles.

Le 1ᵉʳ octobre, des éclaireurs prussiens sont signalés du côté de Saint-Germer.

Escarmouche du 2 octobre. — A la pointe du jour, le régiment prend le contact. Dans la soirée, un peloton sous les ordres de M. le sous-lieutenant Bost, en grand'garde à Saint-Germer, rencontre en se retirant deux escadrons prussiens. M. le sous-lieutenant Bost n'hésite pas, il les prend en flanc, ouvre sur eux un feu meurtrier qui leur met une dizaine d'hommes hors de combat, dont un capitaine commandant. Les escadrons effrayés de l'audace de ce peloton, et croyant avoir à faire à un ennemi plus nombreux, se replient, poursuivis jusqu'à la Chapelle-au-Pot, sans pouvoir être atteints.

A son retour, M. le sous-lieutenant Bost et sa petite troupe reçurent du colonel d'Espeuilles et de tout le régiment les plus chaleureuses félicitations.

Du 2 au 9, le régiment fait un service journalier de grand'garde

et de reconnaissances qui mettent en nos mains plusieurs prisonniers.

Le 9, l'ennemi marche sur Givors et Beauvais, le colonel d'Espeuilles reçoit l'ordre de se replier sur Argueil.

Le 10, l'ennemi en force s'empare de Gournay.

Le 11, le petit corps d'armée est divisé en deux et la ligne de
l'Andelle est confiée au colonel de Tucé, du 12ᵉ de chasseurs,
embrigadé avec le 3ᵉ de hussards.

Le 13, le régiment est à Ecouis. Dans la matinée une reconnaissance ennemie arrive en vue de ce village et se replie devant le
feu de nos avant-postes qui leur mettent un officier et deux hommes
hors de combat.

Combat d'Ecouis (14 octobre). — Le sous-lieutenant Beuve, de
grand'garde avec douze hussards, en avant du village d'Ecouis,
fut attaqué dans la matinée du 14 octobre par un peloton de uhlans,
au moment où il cherchait à rallier son escadron.

A la sortie du village d'Ecouis, il aperçoit à un kilomètre en
avant, lui barrant la route, un peloton de uhlans et sur sa gauche,
deux escadrons qui s'avancent pour lui barrer le passage ; ce brave
officier n'hésite pas, il recommande à ses hommes de ne faire feu
qu'à son commandement et fond sur le premier peloton ; à quelques mètres, il fait exécuter une décharge qui éclaircit les rangs
ennemis et y jette le désordre. Dans ce premier choc, Beuve a
deux hommes de tués. Continuant sa marche, il se précipite le
sabre haut sur l'escadron ennemi. Beuve est entouré de tous côtés,
mais il ne faiblit pas, il tue d'un vigoureux coup de pointe le capitaine commandant l'escadron de uhlans, et blesse mortellement
un deuxième officier. Il traverse les rangs ennemis, percé de sept
coups de lance et, au moment où il allait franchir un fossé, il
reçoit un coup de sabre sur la tête, glisse de cheval, mais parvient
cependant à se remettre en selle, lorsqu'un deuxième coup de sabre
sur la nuque l'abat dans le fossé.

De leur côté, les hussards ne sont pas restés inactifs, pressés de tous côtés, ils refusent de se rendre et se défendent avec acharnement, mais accablés par le nombre, ils tombent tous grièvement blessés.

Les Prussiens, craignant une attaque des troupes placées à Grainville, se retirent immédiatement.

Le brave Beuve, qui avait été laissé pour mort, réunit ses forces et, suivi du trompette Sanson, regagna l'escadron quelques heures après en se traînant dans le fossé de la route ; il fut transporté à Rouen et soigné chez M. Pouyer-Quertier. Les autres hussards furent recueillis par les habitants d'Ecouis.

Beuve fut cité à l'ordre de l'armée pour sa belle conduite et nommé chevalier de la Légion d'honneur ; les hussards Sanson, Méry, Pinard et Cheux furent médaillés.

Dans ce combat qui fait le plus grand honneur à M. le sous-lieutenant Beuve et au 3ᵉ de hussards, les Prussiens eurent, de leur propre aveu, deux officiers et vingt-cinq hommes tués ou blessés.

Pour honorer la mémoire des braves hussards du 3ᵉ qui succombèrent dans ce combat et pour perpétuer le souvenir de ce brillant fait d'armes, la commune d'Ecouis a fait élever à l'endroit même où eut lieu l'action, une colonne commémorative. M. Beuve est actuellement capitaine commandant au 2ᵉ régiment de chasseurs d'Afrique.

Le 27, le colonel d'Espeuilles est à Argueil et apprend qu'un mouvement de l'ennemi se dessine sur Formerie.

Le 28, deux escadrons du régiment, un bataillon d'infanterie et deux pièces d'artillerie se portent sur Formerie.

Vers huit heures du matin, deux mille Prussiens viennent attaquer Formerie avec sept pièces de canon. Une compagnie d'infanterie, qui occupe les premières maisons, reçoit l'ennemi par un feu violent qui dure jusqu'à onze heures et permet ainsi à un deuxième bataillon, venant de Gaillefontaine, de prendre part à l'action. A trois heures, un bataillon de mobiles venant de l'armée du Nord, accourt au bruit du canon avec deux pièces d'artillerie, tombe sur le flanc de l'ennemi qui se retire précipitamment suivi par un escadron du régiment et ne s'arrête qu'à Beauvais, après avoir fait des pertes évaluées à quatre-vingt-dix hommes. Les nôtres étaient de trente hommes tués ou blessés.

Pendant que le colonel d'Espeuilles achevait, non sans peine, la formation du petit corps d'armée, le régiment continuait son service journalier de reconnaissances, ramenant presque toujours des prisonniers.

Le 28 novembre, le colonel d'Espeuilles, en récompense de ses brillants services, est promu au grade de général de brigade et laisse le commandement au lieutenant-colonel de Beaumont.

Avant de quitter le régiment, le général d'Espeuilles exprima aux officiers, sous-officiers, brigadiers et hussards, toute sa reconnaissance pour leur loyal concours, leur entrain et leur brillante valeur dans les combats auxquels le 3e de hussards avait pris part depuis le début de la campagne.

Le départ du général d'Espeuilles causa de très vifs regrets au régiment où, tant par son exquise bienveillance que par toutes ses grandes qualités, il avait su se faire aimer de tous.

A ce moment, on apprend que l'armée prussienne s'était emparée d'Amiens et paraissait se diriger sur la Normandie. Bientôt, en effet, le télégraphe et les reconnaissances signalent de tous côtés l'apparition de nombreux éclaireurs ennemis.

Le 30, l'ennemi marche sur Rouen. Le général Briand envoie l'ordre de concentrer les troupes au pays de Bray et de se retirer sur Gaillefontaine pour l'arrêter.

Le 2 décembre, le capitaine de vaisseau Mouchez est nommé au commandement du petit corps d'armée.

L'armée ennemie forte environ de quarante mille hommes continue à avancer et occupe Criquiers à portée de fusil de nos tirailleurs.

Le 3, à une heure du matin, l'ordre vient de Rouen de replier tout le corps d'armée sur Buchy.

Le 4, attaque de Buchy par l'armée ennemie, deux escadrons soutiennent la retraite, l'ennemi n'avance que très lentement.

Le 5, le régiment reçoit l'ordre de traverser Rouen et de se rendre à Pont-Audemer.

Le 7, il se porte sur Honfleur, traverse la Seine sur des chalans et arrive au Havre.

Le 9, trois escadrons sont embarqués pour Cherbourg, le quatrième est laissé au Havre.

A Cherbourg, le colonel Cramezel de Kerhué, qui avait remplacé le colonel d'Espeuilles dans le commandement du régiment, reçoit ces trois escadrons.

Le 20, le 3ᵉ de hussards fait partie d'une division de cavalerie, en formation, qui doit entrer dans la composition du 19ᵉ corps d'armée.

COMPOSITION

DU

XIXᶜ CORPS D'ARMÉE

Commandant . . . . DARGENT, général de division
Chef d'État-Major général . . . COLIN, colonel d'état-major
Commandant de l'artillerie . . . SCHVÉRER, capitaine de vaisseau
Chef d'État-Major de l'artillerie. POIZAT, lieutenant-colonel
Commandant le génie. . . . . . . BOURGEOIS, lieutenant-colonel
Chef d'État-Major du génie. . . . FOLLIE, chef de bataillon
Intendant . . . . ROSSIGNOL, sous-intend. militaire de 1ʳᵉ cl.
Prévôt. . . . . AZAÏS, chef d'escadrons de gendarmerie

1ʳᵉ DIVISION D'INFANTERIE

Commandant . . . . BARDIN, général de brigade (provisoire)
Chef d'État-Major . . . . MANGIN, lieut.-col. d'ét.-major (auxiliaire)
Commandant de l'artillerie . . . FAURE-DURIF, chef d'escadrons d'artillerie
Commandant le génie. . . . . . . GAZEL, chef de bataillon
Sous-intendant . . . . CHODRUC DE CHAZANNES, sous-int. de 3ᵉ cl.
Prévôt. . . . . POPULUS, capitaine de gendarmerie

1ʳᵉ Brigade

Commandant . . . . RITTER, général de brigade (auxiliaire)
55ᵉ régiment de marche d'infanterie
66ᵉ régiment de marche d'infanterie
96ᵉ régiment de gardes mobiles (un bat.
du Rhône, un bat. de la Charente)

2ᵉ Brigade

Commandant . . . . LUZEUX, général de brigade (auxiliaire)
71ᵉ régiment de marche d'infanterie
1ʳᵉ légion de mobilisés de la Gironde
2ᵉ légion de mobilisés de la Gironde
Artillerie . . . . { 2 batteries de 4, 7ᵉ régiment, 23ᵉ batterie
{ 1 batterie de montagne
Génie . . . . 1ʳᵉ section de la 3ᵉ comp. *bis* du 3ᵉ génie

2ᵉ DIVISION D'INFANTERIE

Commandant . . . . GIRARD, général de division (provisoire)
Chef d'État-Major . . . . . . CHRÉTIEN, chef d'escadrons
Commandant de l'artillerie. . . SCHULER, chef d'escadrons
Commandant le génie. . . . . . MONCHABLON, chef de bataillon
Sous-intendant . . . . SÉRANT, sous-intendant militaire de 3ᵉ cl.
Prévôt. . . . . DENEURE, lieutenant de gendarmerie

1ʳᵉ Brigade

Commandant . . . . ROBERT, général de brigade (auxiliaire)
     22ᵉ bataill. de marche de chass. à pied
     64ᵉ régiment de marche d'infanterie
     1ʳᵉ légion de mobil. de la Seine-Infér.

2ᵉ Brigade

Commandant . . . . DE BRÈME, lieut.-colonel du 65ᵉ de marche
     65ᵉ régiment d'infanterie de marche
     70ᵉ régiment d'infanterie de marche
     Bat. de mobiles de la Charente-Infér.
Artillerie . . . . { 10ᵉ régiment d'artillerie, 25ᵉ batterie de 4
     13ᵉ régiment d'artillerie, 25ᵉ batterie de 4
     1 batterie de montagne
Génie . . . . 2ᵉ sect. de la 14ᵉ compag. *bis* du 3ᵉ génie

3ᵉ DIVISION D'INFANTERIE

Commandant . . . . SAUSSIER, général de brigade
Chef d'État-Major . . . . . . LE GONIDEC, lieutenant-colonel (auxiliaire)
Commandant de l'artillerie . . . WARTELL, chef d'escadrons
Commandant le génie . . . . . . SCHWAAR, capitaine
Sous-intendant . . . . DAUVERGNE, sous-intendant
Prévôt. . . . . N.

1ʳᵉ Brigade

Commandant . . . . ROY, général de brigade (auxiliaire)
     10.000 hommes rép. dans le dép. de l'Eure

2ᵉ Brigade

Commandant . . . . N.
     8.000 homm. rép. dans le dép. du Calvad.
     12ᵉ régiment de chasseurs
Artillerie . . . . { 4 canons Amstrong
     2 canons de 12
     8 canons de montagne
     1 batterie de 4
Génie . . . . 2ᵉ section de la 2ᵉ compag. *bis* du 3ᵉ génie

DIVISION DE CAVALERIE

Commandant . . . . ABDELAL, général de division
Chef d'État-Major . . . . HEILMANN, chef d'escadrons
Sous-intendant . . . . DE PERUSSIS, sous-intendant
Prévôt. . . . . CHEVRY, lieutenant de gendarmerie

1ʳᵉ Brigade

Commandant . . . . DE KERHUÉ, colonel du 3ᵉ hussards
     3ᵉ régiment de hussards
     4ᵉ régiment de marche de hussards

2ᵉ Brigade

Commandant . . . . DE VOUGUES DE CHANTECLAIR, général de
     brigade (provisoire)
     8ᵉ régiment de marche de dragons
     9ᵉ régiment de marche de cuirassiers

RÉSERVE D'ARTILLERIE

Commandant . . . . GEILLE, lieutenant-colonel
     3 batteries de 12
     1 batterie à cheval de 4
     2 batteries à balles

PARC

Commandant . . . . FAURE, capitaine d'artillerie

RÉSERVE DU GÉNIE

1ʳᵉ section de la 2ᵉ compagnie *bis* du 3ᵉ régiment du génie

TROUPES D'ADMINISTRATION

8ᵉ compagnie du 1ᵉʳ régiment du train des équipages militaires

Le 4 janvier 1871, le 19ᵉ corps d'armée fait partie de la deuxième armée de la Loire, commandée par le général Chanzy.

Le 15, le régiment quitte Cherbourg par les voies ferrées et arrive le 16 à Flers.

Le 17, il se rend de Flers à Domfront; le 18, à Mortain; le 21, à Saint-Hilaire-de-Harcouët; le 23, les 1ᵉʳ et 2ᵉ escadrons à Mortain et les 3ᵉ et 4ᵉ à Domfront; le 24, à Messey; le 26, à Putanges. Le 6ᵉ escadron est détaché à Rânes et Carrouge, jusqu'au 3 février.

Le 27, à Falaise, il recevait du général commandant le 19ᵉ corps d'armée, les instructions suivantes :

« M. le colonel de Kerhué, commandant la 1ʳᵉ brigade de cava-
« lerie du 19ᵉ corps d'armée, reçoit l'ordre de se porter avec quatre
« escadrons sur la ligne de Falaise à Mézidon pour éclairer toute
« la contrée en avant du cours de la Dive, dans la direction de
« Pont-l'Evêque, Lisieux et Orbec, où paraissent encore les
« patrouilles de l'ennemi.

« 1° Il s'installera de sa personne, pour le moment, à Saint-
« Pierre-sur-Dive avec un escadron; il pourra, suivant les besoins,
« se porter sur tout autre point.

« 2° Il aura un escadron à Livarot pour éclairer le pays compris
« entre ce point, Lisieux, Orbec et Tirmoutier.

« 3° Un autre escadron, à Mézidon, sera chargé du même ser-
« vice d'Argence à Saint-Laurent et Lisieux.

« 4° Un escadron à Falaise formera la réserve; il détachera, s'il
« est nécessaire, un peloton de dragons pour le service d'escorte
« et de la correspondance du général commandant la 3ᵉ division.

« Le service de cette troupe de cavalerie est spécialement celui
« d'éclairer. Elle n'a pas pour mission de combattre, mais d'en-
« voyer incessamment et le plus loin possible des reconnaissances
« composées de quatre à six cavaliers, toujours conduites par un
« officier ou un sous-officier intelligent et vigoureux. Ces petits
« détachements ne doivent chercher qu'à voir, à rendre compte et
« non à attaquer.

« La nature de ce service fatiguera hommes et chevaux. Il y

« aura lieu de relever fréquemment les deux escadrons les plus
« avancés par ceux laissés en arrière, mais que le colonel de
« Kerhué aura néanmoins employés à étudier les chemins, les res-
« sources pour cantonner, nourrir les troupes d'infanterie et de
« cavalerie, en arrière de la ligne de chemin de fer de Falaise à
« Mézidon et Caen.

« Il importe, pour que M. le colonel de Kerhué ait toujours sous
« la main ses escadrons et assure l'importance de la mission qui
« lui est confiée, que ses quatre escadrons ne soient, sous aucun
« prétexte, distraits de ce service.

« Le colonel de Kerhué se concertera du reste avec M. le général
« commandant la 3ᵉ division pour faire concourir le plus avanta-
« geusement possible à la marche générale des opérations du
« 19ᵉ corps, dans le sens des instructions ci-dessus, les escadrons
« qu'il commande. Il adressera au général commandant la 3ᵉ divi-
« sion le double des rapports qu'il m'adressera, et tous les rensei-
« gnements utiles.

« Les correspondances écrites du général commandant la 3ᵉ divi-
« sion, et celles de M. le colonel de Kerhué, seront apportées au
« quartier-général par des cavaliers appartenant aux deux esca-
« drons de la division de cavalerie qui vont s'installer à Putanges.

« Le général commandant le 19ᵉ corps,

« Signé : DARGENT. »

Le 28, le 1ᵉʳ escadron à Saint-Pierre-sur-Dive.

Le 29, le 2ᵉ à Livarot et le 4ᵉ à Falaise.

Le 30, le régiment apprend qu'un armistice est signé.

Le 2 février les escadrons se réunissent à Caen.

Le 6, le régiment se porte de Caen à Cagny et Bourguébus où il
séjourne jusqu'au 11.

Le 11, le 19ᵉ corps reçoit l'ordre d'aller prendre position sur la
rive gauche de la Loire, où il est destiné à opérer contre l'ennemi,
en cas de reprise des hostilités.

Le 12, le régiment se rend à Harcourt, Thury et Saint-Rémy ;
le 13, à Vire ; le 14, à Teilleul ; le 15, à Ernée ; le 17, à Martigné ;

le 18, à Entrames ; le 19, à Champigné ; le 20, à Angers ; le 22, à Lauresse ; le 23, à Montreuil-Bellay ; le 24, à Saint-Léger, Douvy, Berry et Ternay. Séjour dans ces positions jusqu'au 7 mars.

Le 2 mars, à Ternay, le régiment est passé en revue par le général de division commandant le 19ᵉ corps d'armée. A la suite de cette revue, il adresse au colonel l'ordre suivant :

ORDRE DE LA DIVISION

« Le général de division commandant le 19ᵉ corps d'armée, à son
« arrivée à Ternay, y a trouvé trois escadrons du 3ᵉ de hussards
« et a été heureux de constater les bonnes conditions dans les-
« quelles se trouve le régiment sous le triple rapport de la tenue,
« de l'instruction et du bon état d'entretien des hommes et des
« chevaux. Il en témoigne toute sa satisfaction au colonel de
« Kerhué, à tous les officiers et aux hommes de troupe.

« A cette occasion, les fautes légères contre la discipline seront
« levées et une ration extraordinaire d'eau-de-vie, à titre de grati-
« fication, sera distribuée à la troupe présente à la revue du général
« commandant le corps d'armée.

« Château de Ternay, le 2 mars 1871.

« *Le général commandant le 19ᵉ corps d'armée,*

« *Signé :* DARGENT. »

Le 8, le régiment reçoit du général commandant la deuxième armée de la Loire l'ordre suivant :

ORDRE GÉNÉRAL

« Officiers et soldats de la deuxième armée,

« Le traité ratifié le 1ᵉʳ mars par l'Assemblée nationale met fin
« à la guerre. Les armées sont dissoutes.

« En m'informant que mon commandement cesse, le ministre de
« la guerre ajoute :

« Dites à votre brave armée, officiers de tous grades et soldats,

« que je les remercie au nom de notre pays tout entier de leur
« courage et de leur patriotisme. Si la France avait pu être sauvée,
« elle l'eût été par eux. La fortune ne l'a pas voulu.

« Je suis heureux de porter à votre connaissance ce témoignage
« de la satisfaction du gouvernement. Vous pourrez être fiers
« d'avoir fait partie de la deuxième armée, dont les efforts, s'ils
« n'ont pas abouti au succès que vous avez poursuivi avec tant
« d'opiniâtreté, ne resteront pas sans gloire pour le pays dont ils
« ont contribué à sauver l'honneur.

« Vous avez tenu tête aux armées les plus nombreuses et les
« mieux commandées de l'Allemagne. L'histoire racontera ce que
« vous avez fait ; l'ennemi lui-même s'honorera en vous rendant
« justice.

« Vous allez rejoindre vos foyers, vos garnisons ; conservez iné-
« branlable votre dévouement au pays ; restez, quoi qu'il arrive,
« les défenseurs de l'ordre.

« Quant à moi, mon plus grand honneur est de vous avoir com-
« mandés, mon plus vif désir de me retrouver avec vous chaque fois
« qu'il s'agira de servir la France.

« *Le général en chef,*

« *Signé :* CHANZY. »

Le même jour, le régiment quitte ses cantonnements pour aller
tenir garnison à Versailles, où il arrive le 24.

À la suite de l'insurrection de Paris, l'armée de Versailles est
en formation ; le régiment est embrigadé avec le 8ᵉ de hussards,
sous les ordres du général Charlemagne, faisant partie du corps de
cavalerie du général Du Barail. Durant l'insurrection le service du
régiment consista en reconnaissances et escortes des prisonniers à
Versailles.

Le 31 mai, le régiment s'établit à l'Ecole Militaire.

Le 8 juin, il est caserné à Saint-Germain et le 16, il se rend à
Rouen, pour y tenir garnison.

Du 9 octobre 1870 au 16 janvier 1871, le dépôt organisa et fit partir quatre escadrons de marche, destinés à composer de nouveaux régiments, savoir :

Le 9 octobre, le 4ᵉ escadron, commandé par le capitaine de Perrinelle, est envoyé au 3ᵉ régiment de cavalerie légère mixte en formation à Clermont-Ferrand. A la paix, cet escadron fut versé au 3ᵉ de chasseurs.

Le 26, le 3ᵉ escadron, commandé par le capitaine de Courcival, est envoyé au 6ᵉ mixte en formation à Saumur. A la paix, cet escadron fut versé au 1ᵉʳ de hussards.

Le 1ᵉʳ décembre, le 7ᵉ escadron, commandé par le capitaine de Batsalle, est envoyé à l'armée des Vosges à Autun dans le corps de Garibaldi. A la paix, cet escadron rentra au régiment.

Le 16 janvier 1871, le 8ᵉ escadron, commandé par le capitaine de Salles de Hys, est envoyé au 10ᵉ mixte en formation à Moulins. A la paix, cet escadron fut versé au 13ᵉ de chasseurs.

1871-1872

A son arrivé à Rouen, le régiment trouve la rive droite de la Seine occupée par les Prussiens et est relégué dans le faubourg Saint-Sever. Cette situation se prolonge jusqu'au 14 juillet, date de l'évacuation de la Seine-Inférieure.

Le 28 juin, le dépôt, qui était à Béziers depuis le mois de décembre 1870, rejoint le régiment.

A la suite de nos désastres, l'armée demandait pour se reconstituer un travail sérieux de réorganisation, un rétablissement complet de la discipline ébranlée et enfin un épurement indispensable du personnel.

C'est à ce but principalement que le colonel Cramezel de Kerhué employa l'année 1872.

1872

COMPOSITION
DU

3ᴱ RÉGIMENT DE HUSSARDS

Colonel	CRAMEZEL DE KERHUÉ, A.-Vict., O. ✻, 30 novembre 1870
Lieutenant-colonel.	DE BEAUMONT, A., O. ✻, 4 nov. 1870
Chef d'escadrons.	DUBOIS DE SARAN, D.-E., 11 sept. 1870
id.	CANÉSIE, Alfr.-G., ✻, 2 janvier 1871
id.	RENAULT-MORLIÈRE, E.-Pierre, ✻, 7 mars 1871
id.	VUILLEMOT, L.-M., ✻, 3 février 1872
Major	SAURAT, D.-H., ✻, 30 novembre 1870
Capitaine-instructeur.	DE LESPARDA, Paul, ✻, 16 juill. 1871
Capitaine-adjudant-major.	DUMOUCHEL DE PRÉMARC, Alfred, ✻, 16 juillet 1871
id.	FERRY, F.-A., ✻, 11 novembre 1870
id.	COFFINIÈRES, H.-L.-B., 5 janvier 1871
Capitaine-trésorier.	VALAT, L.-A., 26 juillet 1872
Adjoint au trésorier (sous-lieutenant)	PAPOU, Augustin, 19 octobre 1870
Capitaine d'habillement.	ARBELLOT, Junien, 23 avril 1872
Porte-étendard (sous-lieutenant).	DUCROS, Alph.-J., 16 mai 1872
Lieutenant d'État-Major.	N.
Médecin-major de 2ᵉ classe.	FRÉMONT, Art.-Aug., ✻, 29 août 1872
Médecin-aide-major de 1ʳᵉ classe.	BEDOIN, Laur.-L., 31 décembre 1869
— 2ᵉ classe.	N.
Vétérinaire en 1ᵉʳ	CAUSSÉ, Guill., ✻, 5 avril 1872
— en 2ᵉ	JACOPPÉ, L.-H., 24 janvier 1866
Aide-vétérinaire.	LEGRAND, Ulysse, 24 octobre 1871

CAPITAINES

Commandants	*En second*
SPECKEL, Théod., ✻, 8 août 1869	FOUCHON, C. (dét. dans le s. de rem.), 15 octobre 1869
DE KERGRÉ, Alex.-L., ✻, 25 avril 1870	DE TROISMONTS, Couture (dét. dans le service de rem.), 26 juillet 1870
DE BREM, Paul, ✻, 3 septembre 1870	DE SALIGNAC-FÉNELON, Mathieu, ✻, off. d'ord. du Président de la Rép. 20 mai 1870
LÉCUYER, Henri-Gust., id.	
DEMANGEAT, Arist. ✻, 15 octobre 1870	VALAT, L.-A., ✻, 16 juillet 1871
DE GIRARDIN, J.-M.-E., ✻, 26 oct. 1870	PERNET, P.-F., ✻, 26 juillet 1872
	ZILOF DE STEENBOURG, E.-M., id.

LIEUTENANTS

En premier

DE LAHAMAYDE, C.-T., 2 juin 1870
BOINARD, P.-V., ✳, 16 juillet 1870
BEUVE, Arthur, ✳, 26 octobre 1870
PÉGUILHAN, Simon, ✳, 11 nov. 1870
. DELACOUR, M.-Émile, ✳, 27 nov. 1870
DE BAR, Ét.-Gust., ✳, 8 décemb. 1870

En second

DE VASSINHAC D'IMÉCOURT, Ch.-Ed.,
    5 janvier 1871
BOST, Geoffroy, ✳, 5 janvier 1871
PEREZ, Ch.-A., 15 juillet 1871
ANCELIN, A.-C., 16 juillet 1871
MOUCHARD, Ch.-J., 19 juillet 1871
FOULC, Émile-Paul, 26 juillet 1871
DE CARAYON-LATOUR, J.-M., 14 août 1871
DE LUR-SALUCES, H.-E.-P., ✳, 30 av. 1872

SOUS-LIEUTENANTS

D'ALVISET DE MAISIÈRES, Henri, 13 août
    1863, 28 janvier 1868, interruption
    2 ans, 5 mois, 15 jours.
DU COR DE DUPRAT, M.-A., 1ᵉʳ oct. 1869
DE MERVAL, Ét.-S., 15 juillet 1870
DE LA CHAISE, Henri, 14 août 1870
DUPUY, Jean-Raoul, 16 septemb. 1870
DE CULLAN DE VILLARSON, Jean, ✳,
    25 sept. 1870
PAPOU (adj. au trés.), 19 octob. 1870
BAROU, Emm.-Aug., 16 octobre 1870
HAUTBOUT, Albert, 7 novembre 1870

FENOUIL, Alexis, 11 novembre 1870
VEYFOUR, Léon, 15 novembre 1870
VILLEROY, Marie, 20 août 1870, 24 août
    1870, 5 janvier 1871, par s. de perm.
CARRICHON, Em.-Paul, 1ᵉʳ mai 1871
DE CABRIÈRES, A.-M.-F., 1ᵉʳ sept. 1871
DUCROS (porte-étend.), 16 mai 1872
GARNIER, Jean, 16 mai 1872
BOUDRY, François,   id.
DU MAS DE LA FOUGÈRE, L.-G.   id.
DESLANDES, Paul-Gaston, 16 mai 1872
DE LA BOURDONNAYE, T.-C.,   id.

1873

Le 28 octobre, le 2ᵉ escadron est désigné par le sort pour aller concourir à la formation du 11ᵉ de hussards à Sidi-bel-Abbès, en Algérie.

Le colonel Cramezel de Kerhué ne voulut pas se séparer d'une partie de son régiment sans lui adresser un cordial adieu :

Rouen, le 27 octobre 1873.

ORDRE DU RÉGIMENT

« Le 2ᵉ escadron quitte le régiment pour aller concourir à la
« formation du 11ᵉ de hussards.

« Ce n'est point sans une grande tristesse que le colonel perd
« une partie de son régiment.

« S'il se résigne, c'est en pensant que cette séparation est la
« conséquence d'une mesure qui a pour but d'accroître la puissance
« de l'armée.

« Nos vœux suivront le 2ᵉ escadron sur ces rivages français de
« l'Afrique, où nos camarades, au milieu des chers souvenirs de la
« mère Patrie, placeront celui d'un régiment auquel ils feront tou-
« jours honneur.

« Le colonel, au nom du 3ᵉ hussards exprime ses regrets et
« adresse un cordial adieu aux officiers et à tous les militaires du
« 2ᵉ escadron (1).

« *Signé :* DE KERHUÉ. »

Le 7 novembre, le régiment quitte Rouen pour aller tenir garnison à Melun.

Le 12, le régiment, avec le 8ᵉ de hussards, en garnison à Fontainebleau, forment la 3ᵉ brigade de hussards.

---

1. Archives du corps.

1874

Le 8 février, le hussard Sylly étant tombé dans la Seine, le hussard Grünewald, malgré la température exceptionnellement froide et la violence du courant, se précipita à sa suite et fut assez heureux pour le sauver. Le Ministre de l'Intérieur accorda une médaille de 2ᵉ classe au hussard Grünewald.

1875

Départ pour l'Algérie. — Le 1ᵉʳ mars, la 3ᵉ brigade de hussards reçoit l'ordre d'aller remplacer, en Afrique, la 1ʳᵉ brigade de hussards qui rentre en France.

Le régiment est désigné pour aller tenir garnison à Sétif, et le 8ᵉ de hussards à Orléansville.

Les 15 mars et 1ᵉʳ avril, le régiment s'embarque, à Toulon, à bord de l'*Ardèche*, débarque à Bône les 22 mars et 8 avril, et se rend ensuite à Sétif.

Le 1ᵉʳ octobre, le régiment prend part aux manœuvres de cavalerie dans les plaines d'Aïn-Kercha.

Le 5 octobre, le commandant Morel annonce au régiment que, par décret du 30 septembre, le colonel de Kerhué a été promu au grade de général de brigade.

« N'oublions jamais, dit-il, que la belle réputation du 3ᵉ hus« sards est due en grande partie au digne chef qui nous a com« mandés pendant cinq années, et continuons de marcher dans la « voie qu'il nous a tracée : c'est celle du devoir et de l'honneur. »

Le 9 octobre, le général de Kerhué quitte le régiment à Moul-Aber, pour aller prendre, en France, possession de son commandement, et laisse le commandement au commandant Morel.

Au moment de son départ du camp, le 3ᵉ de hussards, toujours affectueux et reconnaissant pour son ancien colonel, ne voulut pas le laisser partir sans se ranger en bataille sur son passage, lui faire une brillante ovation, et le saluer des cris mille fois répétés de : « Vive le général de Kerhué!!» Ah! c'est que le général de Kerhué laissait au régiment de profondes sympathies et des regrets unanimes.

La nomination du général Cramezel de Kerhué fut portée à la connaissance de la brigade de cavalerie d'Aïn-Kercha, dans les termes suivants :

ORDRE DE LA BRIGADE

« Par décret en date du 30 septembre courant, M. Cramezel de « Kerhué, colonel du 3ᵉ régiment de hussards, a été promu au « grade de général de brigade.

« Interprète de la brigade de cavalerie du camp d'Aïn-Kercha, « le général ne veut pas laisser partir le colonel de Kerhué sans « lui témoigner les regrets qu'il éprouve de le voir s'éloigner de « son régiment qu'il commandait avec tant de distinction.

« Aimé et estimé de tous, le colonel du 3ᵉ régiment de hussards « quitte un corps qu'il a commandé pendant la guerre; l'esprit « militaire de ce chef de corps, son dévouement aux siens, laisse- « ront de longues traces du colonel de Kerhué au 3ᵉ de hus- « sards (1). »

Moul-Aber, 8 octobre 1875.
Signé : ABDELAL. »

Le 8 octobre, le lieutenant-colonel Bergeron, venant du 9ᵉ régiment de cuirassiers, est promu au grade de colonel et appelé à commander le régiment.

Le 8 novembre, le 1ᵉʳ escadron, sous les ordres du capitaine commandant Donop, part en détachement pour Biskra où il séjourne jusqu'au 11 mars 1876.

----

1. Archives du corps.

1876

Le 10 février, le colonel Bergeron, à la suite d'une longue affection de cœur, succombe à l'hôpital militaire d'Alger.

Le 21, le lieutenant-colonel Bohin, venant du 5ᵉ régiment de hussards, est promu au grade de colonel et appelé à commander le régiment.

Le 1ᵉʳ mars, l'état-major du dépôt, le dépôt et le 5ᵉ escadron quittent Sétif pour se rendre à Bône.

Expédition d'El-Amri (15 avril). — Une insurrection ayant éclaté dans le sud de la province de Constantine, le 3ᵉ escadron du régiment, sous les ordres du capitaine Haan, part pour Batna escorter une section d'artillerie, destinée à agir contre les insurgés.

Pendant six semaines, cet escadron est employé au service des convois, et, en dernier lieu, forme, à El-Outaya, avec cinq compagnies de zouaves et de tirailleurs algériens, la réserve du corps opérant devant El-Amri.

Rentrée à Sétif le 27 mai.

1877

Rentrée en France. — Le 22 septembre, la 3ᵉ brigade de hussards reçoit l'ordre d'aller remplacer, dans la 6ᵉ division de cavalerie à Lyon, la 4ᵉ brigade de même arme.

Le régiment est remplacé en Algérie par le 10ᵉ de hussards avec lequel il doit échanger ses chevaux.

Le 25 octobre, le régiment en entier s'embarque à Bône à bord du *Japon*, débarque à Toulon le 28 et arrive par voies ferrées à Lyon le 30.

Le 28 au matin, pendant le débarquement, l'enfant de troupe Benoît, âgé de huit ans, en voulant passer sur un pont mobile, tombe à la mer. Entraîné par une vague, il allait infailliblement périr, lorsque le capitaine Haan se jette à l'eau tout habillé, et aidé par le hussard Tocabens, qui s'était élancé à son tour, est assez heureux pour sauver l'enfant.

Le ministre de la Marine accorda au capitaine Haan une médaille d'honneur de 1re classe en argent et une de 2e au hussard Tocabens.

1878-1879

Le 4 février 1878, le colonel Bohin, se trouvant sur le terrain de manœuvres du Grand-Camp, est pris de souffrances violentes et succombe après une heure d'agonie.

Le 19, le lieutenant-colonel Renaudot venant du 11e de dragons, est promu au grade de colonel et appelé à commander le régiment.

1880

Réception du nouvel Etendard. — Le colonel Renaudot se rend à Paris, le 14 juillet, avec une députation composée du capitaine commandant de Marcé, du lieutenant porte-étendard Fauchon et du maréchal des logis Dufresne, pour y recevoir, du gouvernement de la République, le nouvel étendard du régiment. Cet étendard porte dans ses plis les noms glorieux de : **IENA, EYLAU, FRIED-LAND** et **MONTEREAU**.

La distribution des drapeaux eut lieu à Longchamps. Avant de les remettre à l'armée, M. Grévy, Président de la République, prononça l'allocution suivante :

« Officiers, sous-officiers et soldats qui représentez l'armée française à cette solennité !

« Le gouvernement de la République est heureux de se trouver
« en présence de cette armée vraiment nationale, que la France
« forme de la meilleure partie d'elle-même, lui donnant toute sa
« jeunesse, c'est-à-dire ce qu'elle a de plus cher, de plus généreux,
« de plus vaillant; la pénétrant ainsi de son esprit et de ses sen-
« timents, l'animant de son âme et recevant d'elle, en retour, ses
« fils élevés à la virile école de la discipline militaire, d'où ils
« rapportent dans la vie civile, le respect de l'autorité, le senti-
« ment du devoir, l'esprit de dévouement, avec cette fleur
« d'honneur et de patriotisme et ces mâles vertus du métier des
« armes si propres à faire des hommes et des citoyens.

« Si rien n'a coûté au pays pour relever son armée, rien n'a
« coûté à l'armée pour seconder les efforts du pays, et, par l'appli-
« cation au travail, par l'étude, par l'instruction, par la discipline,
« elle est devenue pour la France une garantie du respect qui lui
« est dû et de la paix qu'elle veut conserver.

« Je vous en félicite et je vous en remercie.

« C'est dans ces sentiments que le gouvernement de la Répu-
« blique va vous remettre ces drapeaux; recevez-les comme un
« gage de sa profonde sympathie pour l'armée; recevez-les comme
« les témoins de votre bravoure, de votre fidélité au devoir, de
« votre dévouement à la France, qui vous confie, avec ces nobles
« insignes, la défense de son honneur, de son territoire et de ses
« lois. »

1881

Le 16 juillet, quatre escadrons mobilisés quittent Lyon, pour
se rendre au camp de la Valbonne, où ils arrivent le même jour,
exécuter sous les ordres de M. le général de division, baron de
Boério, commandant la 6ᵉ division de cavalerie, les manœuvres de
division entrecoupées d'applications diverses de service en campagne jusqu'au 10 août, jour de la rentrée à Lyon.

1882

Le 23 mai, M. le sous-lieutenant Habert, se trouvant à Saint-Fons, aperçoit une voiture dont le cheval emporté parcourait à toute vitesse la grande rue du village. Le conducteur renversé de son siège, suspendu par les jambes entre les brancards, la tête contre le sol, courait les plus grands dangers. M. Habert, n'écoutant que son courage, se précipite à la tête du cheval emporté, le saisit à la bride et parvient à l'arrêter.

M. le sous-lieutenant Habert reçut une médaille d'honneur de 2ᵉ classe en argent.

Le 10 juillet, le régiment quitte Lyon pour se rendre au camp de Châlons, et y exécuter des manœuvres de régiment, de brigade et de division. Il parcourt en onze jours de marche, quatre cent soixante-dix-huit kilomètres, donnant une moyenne de quarante-quatre kilomètres par jour à la vitesse de neuf kilomètres à l'heure. Le régiment rentre à Lyon le 24 août.

1883-1884-1885

Le 7 mars 1883, le régiment est désigné pour aller occuper la garnison de Vienne où il arrive le 10 août.

Par décret en date du 31 août 1883, le colonel Renaudot est promu au grade de général de brigade.

Le colonel Renaudot ne voulut pas se séparer du régiment sans lui faire ses adieux. Au moment de monter en wagon, entouré de tous les officiers et sous-officiers, il s'exprima ainsi :

« Au moment de quitter le 3ᵉ de hussards, j'éprouve une émotion « profonde ; je sens que je quitte une famille.

« Adieu à tous, ou au revoir, selon les vues de la destinée ; « merci du dévouement que j'ai trouvé chez tous. Je n'oublierai

« jamais le 3ᵉ de hussards ; je lui exprime, du fond du cœur, le
« regret de le quitter, mais je ne m'en sépare pas. »

Le colonel Renaudot laissait au régiment de grands regrets, car
il avait su s'attirer l'estime et l'affection de tous.

Par décret en date du 6 septembre 1883, le lieutenant-colonel
Besaucèle, chef d'état-major de la division de Constantine, est
promu colonel et appelé au commandement du régiment.

1886

Conformément aux instructions ministérielles, la 6ᵉ division de
cavalerie, commandée par le général comte de Kerhué, est dési-
gnée pour prendre part aux manœuvres de cavalerie du camp de
Châlons, sous la direction supérieure du général L'Hotte, inspec-
teur général permanent, président du Comité de cavalerie.

L'état-major et les quatre escadrons mobilisés du régiment
(colonel, Besaucèle ; chef d'escadrons, Darcy ; 44 officiers, 604
hommes, 700 chevaux et 17 voitures), quittent Vienne le 3 août.

Les escadrons (1ᵉʳ, capitaine Foulc ; 2ᵉ, capitaine Carrelet ;
3ᵉ, capitaine Valicon ; 4ᵉ, capitaine Dupuy) se rendent isolément
au point de concentration. Ils marchent ainsi dix-neuf jours, faisant en moyenne 30 kilomètres par jour, à raison de 8 kilomètres
à l'heure.

Nos chevaux, qui avaient subi un entraînement sérieux, ne se
ressentirent nullement de ces étapes rendues très fatigantes par
les chaleurs, et arrivèrent en parfait état à Vadenay et à Bouy, où
le régiment prit ses cantonnements :

Etat-major, 1ᵉʳ, 2ᵉ et 3ᵉ escadrons, à Vadenay.

4ᵉ escadron, à Bouy.

Les manœuvres de cavalerie ont lieu dans l'ordre suivant, du
23 août au 1ᵉʳ septembre, opérations à l'intérieur du camp, et les
2 et 3 septembre, opérations à l'extérieur du camp.

Opérations à l'intérieur du camp.

23 et 24 août. — Travail terminé par un combat de régiment contre régiment.

25 et 26 août. — Travail terminé par un combat de brigade contre un ennemi marqué.

27 et 28 août. — Travail terminé par un combat de brigade contre brigade.

29 août. — Evolutions de division terminées par un combat de division contre un ennemi marqué.

30 et 31 août. — Evolutions de division terminées par un combat de division contre division.

1er septembre. — Evolutions des deux divisions terminées par un combat contre un ennemi marqué.

Opérations à l'extérieur du camp.

2 et 3 septembre. — Opérations de combat des deux divisions l'une contre l'autre.

Le 30 août, le général Boulanger, ministre de la guerre, assiste aux manœuvres de cavalerie.

Après la dernière manœuvre, les deux divisions, avec les batteries à cheval, ont défilé devant lui au galop.

Le régiment quitte Vadenay et Bouy le 5 septembre et rentre à Vienne le 23 du même mois.

Le 3 novembre, le régiment quitte Vienne pour aller tenir garnison à Lyon, où il arrive le même jour.

1887

Par décision ministérielle en date du 24 avril 1887, le colonel Besaucèle, est mis en activité hors cadre pour être affecté au service d'état-major, et nommé à l'emploi de sous-chef d'é'at-major du gouverneur militaire de Lyon et du 14e corps d'armée.

Par décret en date du 6 mai 1887, le lieutenant-colonel Raimond, du 3e de dragons, est promu colonel et appelé au commandement du régiment.

1887

COMPOSITION

DU

3^E RÉGIMENT DE HUSSARDS

ÉTAT-MAJOR

Colonel	RAIMOND, E.-A.-H., ✻, 6 mai 1887.
Lieutenant-colonel	BONN, F.-H., ✻, command. la circ. de remonte de Tarbes
Chef d'escadrons	BUIRETTE DE VERRIÈRES, R.-M.-F., ✻, 14 juin 1881
id	DARCY, G.-L., ✻, 29 janvier 1883
Major	MAROCHETTI, F., ✻, 26 janvier 1887
Capitaine-instructeur	PETER, J.-A., 7 novembre 1884
Capitaine-trésorier	TIREFORT, 6 février 1887
Capitaine d'habillement	JACQUOT, G., 4 mars 1887.
Adjoint au trésorier (lieutenant)	MOLÈRE, T., 1er avril 1886
Porte-étendard (lieutenant)	MALHOMÉ, A.-M.-V., 28 septemb. 1880
Médecin-major de 2e classe	DEMANDRE, A.-H., 3 août 1881
Médecin-aide-major de 1re classe	BOUCHEREAU, A.-B., 25 novemb. 1882
Vétérinaire en 1er	GRAINDORGE, D.-J., 7 avril 1882
— *en 2e*	DEBRADE, F., 10 septembre 1880
Aide-vétérinaire	N.

CAPITAINES

Commandants	*En second*
FOULC, E.-P., ✻, 1er décembre 1876	LARIVE, E., 29 décembre 1882
DUPUY, J.-R., ✻, 28 août 1877	D'ANSELME, G., ✻, 11 septembre 1885
CARRELET, M.-F.-H., ✻, 30 sept. 1877	MEYNIEUX, 13 septembre 1886
VALICON, A.-A.-A., 1er mars 1879	CAILLIBEAU, J., ✻, 13 janvier 1887
BRICHARD, J.-E., ✻, 21 avril 1882.	CASTAIN, 13 janv. 87 (d. d. le s. de r.)

LIEUTENANTS

En premier · | *En second*

DE CARBONEL, A.-M.-F., 20 sept. 1880
FAUCONNIER, R.-M., 15 avril 1881
VARENARD DE BILLY, H.-M., 27 janv. 82
DE PEYTES DE MONTCABRIER, C.-M.-H.-M.,
  22 septembre 1882
CHAINDÉ, M.-E., 5 juin 1883.

DURAND, L.-P.-E.-A., 18 mars 1885
  détaché à l'École de Saumur
DE CROUSNILHON, A.-M.-J.-R., 11 sep-
  tembre 1885
CORD'HOMME, 26 décembre 1886
DE GOUY D'ARSY, 13 janvier 1887
MOREAU, J., 26 octobre 1882.

SOUS-LIEUTENANTS

DE PALMA, D.-M.-H., 1er octobre 1882
D'USSEL, M.-A.-M., 1er octobre 1883
DEPASSE, H.-E.-E.-M., 9 octobre 1883
BLANC, K.-J.-G., 15 septembre 1884
MAGNIN, G.-H.-L., 15 septembre 1884

DELORME, O.-H.-F.-L., 1er oct. 1884
DE CALOUIN DE TRÉVILLE, H.-H.-M.-E.-E.,
  7 novembre 1884
DEMACHY, 2 novembre 1886
DURAND, 3 novembre 1886

OFFICIERS DE RÉSERVE

DE ROCHEFORT-SIRIEYX, P.-C.-F.,
  28 mai 1881.
PACAUD, T.-L.-G., 18 mars 1885.

DELAGENEST, J.-P., 29 décembre
  1885.
MONDRILLON, P., 5 mai 1886.

ADJUDANTS

TOURNIER, Rodolphe.
GUICHARD, Victor.

LECONTE, Adolphe.

CONCLUSION

Ici s'arrête cet historique, et, en attendant qu'il soit continué par les générations nouvelles, il est permis, en s'appuyant sur le passé, d'affirmer hautement que, quoi qu'il arrive, partout et toujours, la France peut et doit compter sur le 3e régiment de hussards, placé actuellement sous la haute direction :

Du général de division Davout, duc d'Auerstaëdt, gouverneur militaire de Lyon, commandant le XIVe corps d'armée.

Du général de division, comte Cramezel de Kerhué, commandant la 6e division de cavalerie.

Du général Effantin, commandant la 3e brigade de hussards.

Et du colonel Raimond, commandant le régiment.

PIÈCES ANNEXES ET JUSTIFICATIVES

Noms des Mestres de camp et Colonels

QUI ONT COMMANDÉ LE 3ᵉ RÉGIMENT DE HUSSARDS DEPUIS 1764

1	Comte ESTERHAZY	10 Février 1764
2	Comte ESTERHAZY	25 Juillet 1784
3	Prince DE SALM-KYRBOUR	13 Octobre 1788
4	DE FROISSY-BRISSON	5 Février 1792
5	CHEIT	16 Octobre 1792
6	DE CARROVÉ	30 Avril 1793
7	DE BOUCHOTTE	14 Août 1793
8	LE BRUN LA HOUSSAYE	16 Août 1794
9	SOULTZMANN	14 Juin 1795
10	LEBRUN	1ᵉʳ Février 1804
11	LAFFERRIÈRE-L'ÉVÊQUE	8 Mars 1807
12	ROUSSEAU	14 Octobre 1811
13	Comte MONCEY	15 Mars 1814
14	DE NADAILLAC	27 Septembre 1815
15	DE BURGRAFF	30 Juillet 1823
16	DE CHAMBRUN	29 Décembre 1823
17	PELLETIER-DESCARRIÈRES	19 Février 1839
18	GENESTET DE PLANHOL	18 Juin 1848
19	EUZENOU DE KERSALAUN	15 Janvier 1853
20	TILLIARD	12 Août 1861
21	DE VIEL D'ESPEUILLES	16 Juillet 1870
22	CRAMEZEL DE KERHUÉ	30 Novembre 1870
23	BERGERON	8 Octobre 1875
24	BOHIN	21 Février 1876
25	RENAUDOT	19 Février 1878
26	BESAUCÈLE	6 Septembre 1883
27	RAIMOND	6 Mai 1887

Morts au champ d'honneur.

Moussa, hussard de 1re cl. — Affaire d'Ober-Veillerhoff, 15 juillet 1792.
Kenernerck,   —   —
Honel, hussard. — Siège de Thionville, 1er septembre 1792.
Dorledin,   —   —   —
Bastoul,   —   —   —
Putzmann, maréchal des logis. — Affaire de Valmy, 20 septembre 1792.
Pétrowski, hussard de 1re cl. —   ·   —   .   —
Frigel,   —   —   —
Malfort,   —   —   —
Marfaux, hussard de 1re cl. — Affaire du Blaton, 26 février 1793.
Hugel, hussard.   —   —
Kœnig, maréchal des logis,   —   —
Petersen,   —   Combat d'Arlon, 7 juin 1793.
Beauluix, hussard de 1re cl.   —   —
Fabre,   —   —   —
Lamy, brigadier.   —   —
Lacroix, hussard.   —   —
Maze, hussard de 1re cl. — Combat près d'Evrauge, 12 septembre 1793.
Nourri,   —   —   —
Lauze, hussard.   .   —   —
Richard,   —   Combats de Frœschviller et Wœrth, 23 décembre 1793.
Gassen, fourrier.   —   —
Thonel, hussard de 1re cl.   —   —
Bernard, hussard.   —   —
Rouhl, lieutenant. — Affaire de Cambrai, 29 mars 1794.
Falkner, capitaine. — Près Cambrai, 26 avril 1794.
Ravignot, adjudant-major. — Saint-Germain, 2 août 1805.
Dunaud, hussard. — Affaire de Porwangen, 20 janvier 1807.
Charrasse, hussard de 1re cl. — Affaire de Porwangen, 20 janvier 1807.
Blanc,   —   —   —
Giraud, hussard.   —   —
Masson, hussard.   —   —
Lacaze, hussard de 1re cl. — Bataille d'Eylau, 8 février 1807.
Maury,   —   —   —
Helzœr, maréchal des logis.   —   —
Lenoel,   hussard.   —   —
Witterspak,   —   —   —
Leduc, brigadier.   —   —
Morfin, hussard de 1re cl.   —   —
Gassin, hussard.   —   —

Chevalier, capitaine. — Combat de Hof, 6 février 1807.
Jeantin,   —   . —   —
Schœny, chef d'escadrons.   —   —
Ulpat, hussard. — Affaire d'Alleinstein, 27 février 1807.
Grissey, hussard de 1ʳᵒ cl. — Affaire d'Allenstein, 27 février 1807.
Dardun, hussard. — Combat de Guttstadt, 5 juin 1807.
Ginoux, maréchal des logis. — Combat de Guttstadt, 5 juin 1807.
Prittski, hussard de 1ʳᵉ cl.   ...   —
Gagneux,   —   —   —
Hackner, hussard.   —   —
Fortier, hussard de 1ʳᵉ cl. — Bataille de Friedland, 14 juin 1807.
Barlon,   —   —   —
Camot, maréchal des logis chef. — Bataille de Friedland, 14 juin 1807.
Arnaud, hussard.   —   —
Leroux,   —   .   —
Waltz, chef d'escadrons. — Prise de Saragosse, 20 février 1809.
La Charlière, sous-lieutenant. — Prise de Saragosse, 20 février 1809.
Colin de Quiéverchin, sous-lieutenant. — Affaire de Banos, 12 août 1809.
Vogt, capitaine. — Prise d'Almeida, 24 juillet 1810.
Picard, lieutenant. — Salamanque, 14 juin 1812.
Husson, sous-lieutenant. — Près Kulm, 3 septembre 1813.
Schneider,   —   Neufburg, 17 novembre 1813.
Abel, lieutenant. — Combat de Tramaced, 8 octobre 1823.
de Moncey, lieutenant. — Combat d'Aïn-Malakof, 8 octobre 1864.
Carbonnier, brigadier. — Lyon, 21 mai 1870.
Adam, hussard.   —   —
Verquin,   —   —   —
Burstein, maréchal des logis. — Bataille de Wœrth, 6 août 1870.
Klein,   —   —   —
Brahaut, sous-lieutenant. — Bataille de Sedan, 1ᵉʳ septembre 1870.
Jacquart, maréchal des logis.   —   —
Louis,   —   —   —
Beaugeard,   —   —   —
Malbranque, brigadier.   —   —
Schryve, hussard. — Combat d'Écouis, 14 octobre 1870.
Lemaire,   —   —   —

Blessés devant l'ennemi.

GRAFF, maréchal des logis chef. — 4 mars 1793, coup de lance au-dessus de l'épaule gauche.

NILSCHELEM, maréchal des logis. — 13 avril 1793, affaire de Lembach, coup de sabre à la cuisse droite.

FABER, maréchal des logis. — 13 avril 1793, affaire de Lembach, coup de sabre au bras gauche.

GEISWEILLER, lieutenant. — 17 mai 1793, levée du blocus de Landau, coup de biscayen au bras gauche.

LANDREMONT, lieutenant. — 17 mai 1793, levée du blocus de Landau, coup de sabre à la tête ; — à Deux-Ponts, coup de feu à la jambe droite.

DUDOIS, hussard. — 18 juillet 1793, affaire de Courtray, coup de feu et plusieurs coups de sabre au bras gauche. — 11 mars 1794, blocus de Bar-le-Duc, coup de feu à la cuisse droite. — 1er avril 1794, près Arheims, éclat d'obus dans la jambe droite.

FORH, maréchal des logis. — 26 avril 1794, affaire de Cambrai, coup de sabre au poignet droit. — 1er mai 1794, combat de Tournay, plusieurs coups de sabre sur la tête.

KEIBERT, maréchal des logis. — 19 juin 1794, affaire de Courtray, coup de biscayen à la tête.

BOSSLER, maréchal des logis. — 19 juin 1794, affaire de Courtray, coups de sabre au poignet droit.

MEUNE, fourrier. — 9 septembre 1795, passage de la Meuse, coup de sabre à la main droite.

MARX, chef d'escadrons. — 1795-1796, passage de la Blies, coup de biscayen à la tête.

LEHMAN, brigadier. — 26 avril 1796, coup de feu au bras gauche et coup de sabre à la main droite.

REDER, sous-lieutenant. — 24 avril 1797. Passage de la Lahn, coup de feu à la poitrine.

SCHMIDT, brigadier. — 16 mai 1799, près Leimchs, blessé d'un coup de feu.

GRIVAL, maréchal des logis. —   —   —

LA HOUSSAYE, chef de brigade. — 5 octobre 1799, à Hœscht, près Francfort, coup de feu à la jambe gauche, talon traversé par une balle.

MÉDARD, brigadier. — 3 septembre 1799, affaire de Willoch, coup de feu à la jambe gauche.

BOURCIEZ, hussard. — 1799, affaire de Sintzheim, coup de feu au genou.

CONSEIL, fourrier. — 3 septembre 1799, affaire de Willoch, coup de sabre à la tête.

COLLESFON, fourrier. — 1799, près Heidelberg, coup de baïonnette à la cuisse droite et coup de feu à la saignée du bras gauche.

Domont, chef d'escadrons. — 14 octobre 1805, bataille d'Elchingen, coup de feu à la poitrine.

Geist, capitaine. — 14 octobre 1805, bataille d'Elchingen.

Richard, lieutenant.   ...   —

Beaumetz, sous-lieutenant. —   —

(Tous trois blessés de coups de sabre.)

Arnaud, maréchal des logis chef. — 14 octobre 1805, bataille d'Elchingen, coup de sabre à la cuisse droite.

Descarreaux, maréchal des logis. — 1806, dans le Tyrol, plusieurs coups de sabre sur la tête et sur la cuisse gauche.

Bossler, sous-lieutenant. — Bataille de Kayserlautern, coup de biscayen au bras droit.

Lehman, maréchal des logis. — Bataille de Kayserlautern, coup de biscayen à la cuisse droite.

Jeantin, hussard. — Bataille de Kayserlautern, coup de feu à la main gauche.

Hegy, hussard. — Bataille de Kayserlautern, coup de sabre à la main droite.

Boutton, maréchal des logis. — Affaire de Richemont, deux coups de sabre à la main droite.

Waltz, capitaine. — 5 novembre 1805, Nelfs en Tyrol, coup de sabre sur la tête.

Roux, adjudant. — 5 novembre 1805, Nelfs en Tyrol, coups de sabre à la main gauche.

Decrecy, maréchal des logis. — 15 novembre 1805, Nazareth en Tyrol, coup de feu au travers du corps.

Domont, chef d'escadrons. — 14 octobre 1806, bataille d'Iéna, balle au cou.

Lafferrière-Lévesque, major.   —   —   , coup de biscayen au bras droit.

Holossy, capitaine. — 14 octobre 1806, bataille d'Iéna, éclat d'obus dans la jambe.

Colbert, général. — 14 octobre 1806, bataille d'Iéna, éclat d'obus au genou.

Barthélemy, lieutenant.   —   —   coup de sabre à la cuisse droite.

Descarreaux, sous-lieutenant. — 14 octobre 1806, bataille d'Iéna, un coup de sabre sur la tête et deux coups de feu à la cuisse gauche.

Lehman, lieutenant. — 14 octobre 1806, bataille d'Iéna, boulet mort au bras gauche.

Friedrich, lieutenant. — 14 octobre 1806, bataille d'Iéna, boulet de canon à la tête, œil droit perdu.

Conseil, sous-lieutenant. — 14 octobre 1806, bataille d'Iéna, coup de boulet à la jambe gauche.

Dubois, maréchal des logis. — 14 octobre 1806, bataille d'Iéna, coup de sabre à l'épaule.

Walkiers, maréchal des logis. — 14 octobre 1806, bataille d'Iéna, coup de sabre au bras droit.

Guéry, brigadier. — 14 octobre 1806, bataille d'Iéna, coup de sabre au poignet droit.

Michelon, hussard. — 14 octobre 1806, bataille d'Iéna, deux coups de sabre à la tête.

Wendholtz, hussard. — 14 octobre 1806, bataille d'Iéna, coup de sabre au bras droit.

Médard, brigadier. — 9 janvier 1807, affaire de Schippenbeil, deux coups de sabre sur la tête et pris. — 6 février 1807, combat de Hof, contusions d'un boulet de canon au bras droit.

Guérin, brigadier. — 9 janvier 1807, combat de Hof, coup de lance au côté droit.

Krammer, brigadier. — 14 janvier 1807, près Bartenstein, deux coups de sabre sur la cuisse gauche. — 5 mars 1807, combat de Guttstadt, coup de lance au côté droit.

Barthélemy, capitaine. — 20 janvier 1807, près Langenheim, plusieurs coups de lance à la cuisse et au côté gauche.

Decrécy, sous-lieutenant. — 20 janvier 1807, près Langenheim, coup de lance à la jambe droite. — 23 novembre 1808, coup de sabre à la main gauche.

De Kleinemberg, sous-lieutenant. — 6 février 1707, combat de Hof, quatre coups de lance.

Grival, maréchal des logis chef. — 6 février 1807, combat de Hof, douze coups de lance.

Ancelon, brigadier. — 6 février 1807, combat de Hof, coup de lance à l'épaule.

Sieg, maréchal des logis. — 7 février 1807, à Eylau, boulet de canon à la jambe gauche.

Valmabelle, chef d'escadrons. — 5 mars 1807, affaire de Guttstadt, blessé d'un coup de lance au côté droit.

Coster, lieutenant. — 5 mars 1807, affaire de Guttstadt, éclat d'obus à la main et à la cuisse.

Limbourg, sous-lieutenant. — 5 mars 1807, affaire de Guttstadt, coup de feu à la fesse droite.

Conrad, brigadier. — 5 mars 1807, affaire de Guttstadt, coup de feu au-dessus de l'œil gauche.

Lafferriere, colonel. — 12 août 1808, passage du Col de Banos, coup de feu à la cuisse.

Bruneau-Beaumetz, lieutenant. — 23 novembre 1808, bataille de Tudéla, coup de feu à la main gauche.

Toulongeon, lieutenant. — 2 janvier 1809, près d'Astorga, coup de feu à l'épaule.

Sieg, maréchal des logis chef. — 1ᵉʳ février 1809, balle à la jambe gauche.

Jeanroy, aide-major. — 20 février 1909, à Tanoris (Espagne), coup de sabre à la main gauche.

Michelin, brigadier. — 20 avril 1809, à Banos, coup de feu au côté droit.

Bourciez, maréchal des logis. — 9 juin 1809, contusions au bras gauche par un boulet.

Gondemetz, sous-lieutenant. — 12 août 1809, affaire de Banos, coup de feu à la jambe gauche.

de Gelves, sous-lieutenant. — 12 août 1809, affaire de Banos, coup de feu à l'épaule.

Roux, sous-lieutenant. — 12 août 1809, affaire de Banos, coup de feu au côté droit.

Hegy, sous-lieutenant. — 12 août 1809, affaire de Banos, coup de feu au talon droit.

BARDEL, sous-lieutenant. — 12 août 1809, affaire de Banos, coup de feu au pied gauche.

JOANNET, sous-lieutenant. — 12 août 1809, affaire de Banos, coup de feu à la cuisse.

LAFERRIÈRE, colonel. — 28 novembre 1809, combat d'Alba-de-Tormès, coup de feu au côté droit.

KRAUSS, maréchal des logis. — 28 novembre 1809, combat d'Alba de Tormès, coup de feu à la jambe gauche.

CONRARD, maréchal des logis. — 28 novembre 1809, combat d'Alba-de-Tormès, coup de sabre au-dessus de l'œil gauche qui fut perdu. — 12 mars 1811, affaire de Portugal, coup de feu à la cuisse gauche.

HEGY, sous-lieutenant. — 9 avril 1810, près Banos, coup de feu à l'épaule.

DE GELVES, lieutenant. — 5 juillet 1810, près de Galligos, coup de sabre au bras gauche.

STEZLÉ, maréchal des logis chef. — 24 juillet 1810, devant Alméida, coup de feu au bras droit.

HIVERT, sous-lieutenant. — 5 octobre 1810, près Léria (Portugal), coup de feu à la jambe gauche, trois coups de sabre et fait prisonnier.

PÉTRY, sous-lieutenant. — 5 octobre 1810, près Léria (Portugal), blessé d'un coup de feu au cou.

LESECQ, sous-lieutenant. — 5 octobre 1810, près Léria (Portugal), trois coups de sabre à la tête, bras droit, poignet droit, et fait prisonnier.

DÉCRECY, sous lieutenant. — 9 octobre 1810, affaire d'Alcoluto (Portugal), quatre coups de sabre sur la tête et deux sur les mains.

BLANCHARD, fourrier. — 18 novembre 1810, coup de feu au côté droit.

ROUX, lieutenant. — 12 mars 1811, coup de feu à la cuisse gauche.

FOULLON, —   —   blessé d'un coup de lance à l'épaule.

SIEG, sous-lieutenant,   —   coup de feu à la cuisse droite.

SCHMIDT,   —   —   coup de sabre au pied droit.

LAFERRIERE, colonel. — 14 mars 1811, coup de feu au bras droit et à la main gauche.

BOURCIEZ, sous-lieutenant. — 4 juillet 1811, trois coups de sabre et un coup de lance au côté gauche.

THÉROUENNE, sous-lieutenant. — 11 avril 1812, coup de sabre à la tête. — 17 juin 1812, coup de sabre à la main gauche. — 22 octobre 1812, à Burgos, deux coups de sabre à la main droite et à la tête.

ANCELON, maréchal des logis chef. — 22 juin 1812, aux Arapiles, coup de feu à l'épaule gauche.

ROUSSEAU, colonel. — 22 juillet 1812, bataille de Salamanque, deux coups de sabre sur la tête.

BEAUFRERE, capitaine. — 22 juillet 1812, bataille de Salamanque, coups de sabre au côté et fait prisonnier.

FIZELIER, adjudant. — 22 juillet 1812, bataille de Salamanque, coup de sabre à la main droite.

BLANCHARD, maréchal des logis. — 28 septembre 1812, Tordésillas, coup de feu au bras droit.

Bardel, lieutenant. — 21 juin 1813, affaire de Vittoria, bras gauche emporté par un boulet de canon.

Décrécy, capitaine. — 26 juin 1813, devant Vittoria, coup de sabre sur la tête.

Jeanroy, lieutenant. — 30 août 1813, bataille de Kulm, coup de feu à la hanche gauche et quatre coups de lance au côté, fait prisonnier.

Walkiers, sous-lieutenant. — 14 octobre 1813, coup de lance à l'épaule.

Dupuy, lieutenant. — 1ᵉʳ janvier 1814, affaire de Sainte-Croix, deux coups de lance à la tête et aux reins. — 22 mars 1814, près Brienne, coup de sabre à la tête.

Michelin, sous-lieutenant. — 29 janvier 1814, coup de mitraille à Brienne.

Van Wesel,   —   18 février 1814, affaire de Montereau, coup de feu à la cuisse droite.

Moncey, colonel. — 27 juin 1815, près Belfort, coup de sabre à la tête.

Neuzillet, hussard. — 8 octobre 1823, combat de Tramaced, coup de sabre à la tête.

Gasser,   —   —   —   —

d'Aubigny, sous-lieutenant. — 8 octobre 1864, combat d'Aïn-Malakoff, coup de feu au bras gauche.

de Girardin, sous-lieutenant. — 8 octobre 1864, combat d'Ain-Malakoff, coup de feu à la cuisse droite.

Wingtein, hussard. — 6 août 1870, combat de Wœrth, coup de feu à l'épaule gauche.

Ferry, lieutenant. — 1ᵉʳ septembre 1870, bataille de Sedan, deux balles à la jambe droite.

Beuve, sous-lieutenant. — 14 octobre 1870, combat d'Ecouis, sept coups de lance et deux coups de sabre à la tête.

Méry, hussard. — 14 octobre 1870, combat d'Ecouis, coup de sabre à la tête.

Pinard,   —   —   —   —   — feu au côté gauche.

Cheux,   —   —   —   — sabre à la tête.

Sanson, trompette.   —   —   — feu à la cuisse droite.

Ferrien, brigadier maréchal. — Coup de feu à la face, 15 mai 1871.

ARMES D'HONNEUR

décernées aux Officiers, Sous-Officiers et Cavaliers
qui ont combattu dans les rangs du 3ᵉ de Hussards

Ces récompenses furent instituées par un arrêté des conseils en date du 25 décembre 1799, en exécution de l'article 87 de la Constitution de l'an VIII, ainsi conçue :

« Article 1er. — Il sera donné aux militaires des troupes à cheval qui se distin« gueront par une action d'éclat, des mousquetons ou carabines d'honneur « garnis en argent, et aux trompettes, des trompettes d'honneur en argent.

« Article 2. — Ces mousquetons, carabines et trompettes porteront une ins« cription contenant les noms des militaires auxquels ils seront accordés et celui « de l'action pour laquelle ils l'obtiendront.

« Article 3. — Tout militaire qui aura obtenu une de ces récompenses jouira de « cinq centimes de haute paye par jour.

« Article 4. — Tout militaire qui prendra un drapeau à l'ennemi, fera prisonnier « un officier supérieur, arrivera le premier pour s'emparer d'une pièce de canon, « aura droit par cela seul aux récompenses ci-dessus.

« Article 5. — Il sera accordé des sabres d'honneur aux officiers et aux soldats « qui se distingueront par des actions d'une valeur extraordinaire ou qui ren« draient des services extrêmement importants. — Tout militaire qui aura obtenu « un sabre d'honneur jouira d'une double paye. »

Cette disposition fut complétée par l'arrêté du 27 thermidor an VIII :

« Les noms des militaires qui auront obtenu des armes d'honneur seront ins« crits sur une table de marbre dans l'enceinte du temple de Mars. »

CLOSSET, maréchal des logis,
Suss, hussard,

Le 10 septembre 1792, pendant le siège de Thionville, ils traversèrent deux fois l'armée prussienne, pour porter et rapporter des dépêches essentielles au salut de la place. Cette action leur mérita un mousqueton d'honneur.

FOHR, maréchal des logis,

Déjà cité pour sa belle conduite au siège de Thionville, ce brave se distingua par un trait de dévouement remarquable au combat d'Arlon (7 juin 1793).

Ayant fait un prisonnier et pris un cheval, apercevant son capitaine poursuivi par des chevau-légers, et prêt à tomber dans leurs mains, abandonna son prisonnier et son cheval pour sauver son capitaine. Ces actes de courage lui valurent un sabre d'honneur.

> Christiam, maréchal des logis,
> Barthet, brigadier,
> Sing, hussard,
> Pavie, trompette,

Firent avec honneur toutes les campagnes de 1792 à 1802 et se distinguèrent par leur courage dans plusieurs combats.

Christiam reçut un sabre d'honneur ;

Barthet et Sing, chacun un mousqueton ;

Pavie, une trompette en argent.

ACTIONS D'ÉCLAT — CITATIONS

Dupré, lieutenant,

Se signala le 7 juin 1793, au combat d'Arlon, en faisant avec trois pelotons, soixante prisonniers.

Friedrick, maréchal des logis,

Le 13 septembre 1793, dans une affaire près de Catcau-Cambrésis, prit une pièce de canon et un caisson attelés de huit chevaux.

Landremont, lieutenant,

Le 23 septembre 1793, aux environs de Cambrai prit trois dragons de Latour.

Dans cette même affaire, le maréchal des logis Beaufrère fit prisonniers deux hussards de Toscane et le brigadier Lehman, un.

Le 3 octobre 1793, le général Delaunay, commandant par intérim l'armée de la Moselle, cite le régiment à l'ordre de l'armée comme s'étant fait remarquer par sa bravoure dans trois actions consécutives. L'ordre du jour portait : « Le 3ᵉ de hussards a été au-dessus de tout éloge. »

Oster, hussard,

Le 23 décembre 1793, aux combats de Frœschwiller et de Wœrth, enleva une pièce de canon et trancha la tête à un canonnier ennemi. Oster reçut un mousqueton d'honneur.

Michel Kieffer, maréchal des logis chef,
Jean Waldeck, maréchal des logis,

Le 23 décembre 1793, aux combats de Frœschwiller et de Wœrth, prirent chacun une pièce de canon. La bravoure et l'intelligence dont ils firent preuve en cette circonstance leur valurent un sabre d'honneur.

Schœny, capitaine commandant,

Le 18 avril 1797, au passage du Rhin, à Neuwied, chargé de s'emparer de la barrière de Diersdolf, que défendait un corps ennemi; s'approcha de cette bar-

Nota. — Nous avons fait connaître, dans une autre partie de ce travail, les noms des braves du 3ᵉ de hussards qui se distinguèrent et qui, en récompense de leur belle conduite, reçurent des armes d'honneur et furent nommés chevaliers de la Légion d'honneur, à la création de l'ordre.

rière, la franchit avec son cheval et, suivi de quelques hussards les mieux montés, traversa le bourg et fit mettre bas les armes à cinq cents hommes qui le gardaient. Nommé quelques jours après chef d'escadrons au régiment, il reçut un sabre d'honneur. Son brevet portait : que son courage avait constamment égalé ses talents distingués et que partout il avait fait l'honneur du 3ᵉ de hussards.

Holossy, capitaine commandant,
Reder, lieutenant,

Le 24 avril 1797, à la tête de leur escadron prirent deux pièces de canon et firent prisonnier un bataillon entier qui escortait ces pièces.
Ils reçurent un sabre d'honneur.

Schillinger, hussard,

A l'affaire de Schrinheim, 30 mai 1799, blessé d'un coup de feu à la jambe, fit trois uhlans prisonniers. Cet acte de courage lui valut un mousqueton d'honneur.

Scheveneck, brigadier,

Dans le courant de novembre 1799, profita du moment où les hussards revenaient à la charge, tomba sur ceux qui l'emmenaient et les fit prisonniers à leur tour. Ce trait d'audace lui valut un mousqueton d'honneur.

Cappler, maréchal des logis,

Le 15 juillet 1800, força seul un détachement de vingt cinq hommes à mettre bas les armes, tua dans une charge deux hussards mayençais et fit prisonnier un trompette-major.
Ce sous-officier avait déjà été cité plusieurs fois par son entrain et sa bravoure.
Il reçut un sabre d'honneur.

Lahoussaye, chef d'escadrons,

Aux combats de Frœschwiller et de Wœrth, 23 décembre 1793, prit avec ses deux escadrons, quinze cents grenadiers hongrois et vingt-huit pièces de canon.
Le même jour, le lieutenant Chevalier fit prisonniers six fantassins et le maréchal des logis Bossler, un capitaine et quatre fantassins du régiment de Weldeck.

Landremont, lieutenant,

Le 24 décembre 1793, fit prisonniers deux officiers et un chirurgien-major.
Le 25 décembre 1793, le général Hoche commandant en chef l'armée de la Moselle, cite le régiment à l'ordre de l'armée comme un de ceux qui se sont le mieux comportés dans les combats de Frœschwiller et de Wœrth.

ALTHENER, lieutenant,

Le 26 avril 1794, près de Cambrai, à la tête d'un détachement de hussards, tombe sur les équipages de l'ennemi et lui prend cinq chariots.

Le même jour, le brigadier Lehman fit un prisonnier.

BOSSLER, maréchal des logis,

Le 19 juin 1794, dans une rencontre près de Courtray, se trouvant entouré de quatre dragons de Latour, les sabra, quoique blessé grièvement par eux au poignet droit. Cette action lui mérita le grade de sous-lieutenant sur le champ de bataille.

DARBOUR, lieutenant,

Le 17 novembre 1794, au combat de Bliescastel, fit prisonnier un officier et s'empara d'un avant-train d'artillerie attelé de quatre chevaux.

MIDARD, hussard,

Le 3 décembre 1794, au passage de la Meuse, déploya la plus grande bravoure et prit une pièce de canon.

MARX, chef d'escadrons,

Dans la retraite de Limburg sur Sarrebruck, en 1796, reçut le commandement en chef de toute l'arrière-garde du général Saget et sauva l'artillerie, ce qui lui valut les plus grands éloges des représentants du peuple et des généraux qui en furent témoins. Le 18 avril 1797, à la bataille de Neuwied, à la tête de deux escadrons du régiment, passa le Rhin à la nage pour arrêter l'ennemi dans sa retraite. Ce fait eut lieu sous les yeux du général Ney.

La même année, au passage de la Blies, il chargea à la tête de deux escadrons l'artillerie ennemie et mit en désordre une partie de l'armée autrichienne.

CONSEIL, maréchal des logis,

A l'affaire de Hasselt contre les révoltés de Brabant, prit un drapeau et fit quatre prisonniers.

RAVIGNAT, lieutenant,

En 1799, à l'affaire de Gros-Géran, fit trois hussards de Sekler prisonniers. Mourut victime de son dévouement à Saint-Germain-en-Laye, le 2 août 1803, en voulant sauver un homme qui se noyait.

SCHŒNY, capitaine,

En novembre 1799, commandant les avant-postes, près de Bruchsall, débusqua du village d'Iklengen, les hussards de Blankenstein, il en sabra sept lui-même et en prit onze avec treize chevaux.

Régnard, sous-lieutenant,

Officier de correspondance près le général Legrand, se fit remarquer par sa conduite distinguée à l'affaire d'Erbach (16 mai 1800), ce qui lui valut, de la part du général Moreau, sa nomination de lieutenant.

Riestelhneber, maréchal des logis,

Nommé sous-lieutenant sur le champ de bataille par le général en chef Moreau pour sa brillante conduite dans une affaire en avant de Francfort. Fit faire une diversion à l'ennemi, avec une petite troupe d'infanterie, ce qui facilita le gain du combat.

Domont, chef d'escadrons,

Le 14 octobre 1805, à la bataille d'Elchingen, commandant le régiment, en l'absence du colonel Lebrun, se distingua particulièrement à la tête du régiment en chargeant deux bataillons qui avaient avec eux cinq pièces de canon. Frappé d'une balle au cou, tomba de cheval dans la mêlée ; mais les charges renouvelées firent mettre bas les armes aux deux bataillons et le commandant Domont fut relevé par ses hussards.

Krammer, maréchal des logis,

Le 1ᵉʳ janvier 1809, aux environs de Salamanque, à la tête d'un peloton, surprend et emmène trois officiers et soixante hommes.

Lafferrière, colonel,

Le 12 août 1809, au combat du col de Banos, se distingua particulièrement par sa brillante valeur et l'habileté de ses dispositions.

De Gelvès, sous-lieutenant,
Foullon, lieutenant,

A l'affaire de Tamaniés, 18 octobre 1809, prirent chacun une pièce de canon à l'ennemi.

Coster, capitaine,

Le 28 novembre 1809, au combat d'Alba-de-Tormès, se fit remarquer par sa bravoure en enlevant un drapeau aux Espagnols.

L'année suivante, le 9 octobre 1810, à l'affaire d'Alcoluto, commandant un piquet, contribua par son intrépidité et l'audace de son attaque au brillant succès de cette journée.

Ducroc de Chabannes, lieutenant,

Le 14 octobre 1812, aux environs du village de Brioresca, étant en découverte avec deux hussards, tua un hussard de Castille et prit cinq chevau-légers anglais.

Quelques jours plus tard, près Benavente, prit cinq hussards de Galice.

Conrard, sous-lieutenant,

Le 19 octobre 1813, chargé par le général Bertrand de porter des dépêches à l'Empereur, traversa plusieurs corps ennemis et s'acquitta de sa mission.

Manœuvre, hussard,

Le 14 août 1820, à Nancy, se jeta dans la Meuse pour sauver un de ses camarades.

Le 12 octobre 1821, le régiment se fit remarquer par son dévouement à l'incendie du village de Beaufort. Les maréchaux des logis **Bouchère**, **Eauy**, **Bourdeau** et les hussards **Ligneau**, **Heyberger**, **Digot** et **Duchauffour**, qui s'y distinguèrent tout particulièrement, obtinrent une médaille d'argent de 2ᵉ classe.

Le 3 septembre 1823, le régiment fut cité dans le 30ᵉ bulletin des opérations de l'armée des Pyrénées, pour avoir secondé d'une manière intelligente les mouvements de l'infanterie, sous le feu de l'artillerie de la place de Pampelune.

Au combat de Tramaced, 8 octobre 1823, le régiment se distingua d'une manière toute particulière. Les officiers, sous-officiers et soldats dont les noms suivent furent cités à l'ordre de l'armée :

De Burgraff, colonel commandant le régiment,
De Tilly, chef d'escadrons,
De Rutaut, capitaine commandant,
Pillault de la Boissière, capitaine,
Descoutures, lieutenant,
Hay, —
Jacoues, —
Faure, —
De Kéroua, —
Latard, adjudant,
Pottier, maréchal des logis chef,
Garnier, —
Lefebvre, maréchal des logis,
Bouchère, —
Barré, —
Deshayes, brigadier,
Debon, trompette,
Neuzillet, hussard,
Gasser, hussard,

Hogenbill, hussard,

Le 18 juillet 1825, à Charleville, sauva au péril de sa vie un militaire qui se noyait dans la Meuse. Reçut pour cet acte une médaille d'honneur de 2ᵉ classe.

Ursin, hussard,

Le 3 octobre 1841, à Campseru, se fit remarquer dans un incendie par son courage et son dévouement. Il eut une partie de ses vêtements brûlée et reçut une légère blessure à la cuisse. Reçut une médaille d'honneur de 2ᵉ classe.

BASSET, hussard,

Le 16 décembre 1843, sortant de l'hôpital de Caen, le matin même, sauve aux environs de cette ville toute une famille composée de six personnes, qui avait été précipitée avec une voiture dans une rivière boueuse. Reçut une médaille d'honneur de 2ᵉ classe.

LEBELLIER, brigadier,

Le 14 juin 1843, à Huningue, se jeta tout habillé dans le Rhin pour sauver un enfant. Reçut une médaille d'honneur de 2ᵉ classe.

BOURSEUL, sous-lieutenant,

Le 10 août 1858, à Pontivy, un enfant étant tombé dans le Blavet, M. le sous-lieutenant Bourseul s'élança dans la rivière avec un élan admirable de dévouement et arracha à une mort certaine le malheureux qui allait périr. Reçut une médaille d'honneur de 1ʳᵉ classe.

Le 15 septembre 1864, le régiment se fit remarquer par sa belle conduite au combat d'Aïn-Zafrant. L'ordre de la brigade se terminait ainsi : « Ce combat de cavalerie fait le plus grand honneur aux hussards qui y ont pris part. Officiers, sous-officiers et hussards ont rivalisé de vigueur et d'entrain. »

DE MONCEY, lieutenant,
D'AUBIGNY, sous-lieutenant,
DE GIRARDIN, sous-lieutenant,

Le 8 octobre 1864, au combat d'Aïn-Malakoff, se firent remarquer dans une charge, par leur entrain et leur courage.

Le lieutenant de Moncey fut tué et les sous-lieutenants d'Aubigny et de Girardin blessés.

CARBONNIER, brigadier,
ADAM, hussard,
VERQUIN, hussard,

Le 21 mai 1870, à Lyon, n'écoutant que leur dévouement se précipitèrent dans le Rhône pour sauver un de leurs camarades sans pouvoir réussir à l'atteindre et succombèrent à cet acte de bravoure.

Dans ce triste accident, les maréchaux des logis Kuentz et Bernardin, le brigadier Mercier et les hussards Micheug, Gillibert et Serres se distinguèrent par leur courage.

BEUVE, Sous-lieutenant,
SCRYVE, hussard,
LEMAIRE, —
SANSON, —
MÉRY, —

Pɪɴᴀʀᴅ, hussard,
Cʜᴇᴜx,   —

Le 14 octobre 1870, au combat d'Ecouis, se firent remarquer par leur bravoure.

Le sous-lieutenant Beuve, avec douze hussards, chargea sur un escadron de uhlans, tua de sa main le capitaine commandant et un lieutenant et, par des feux exécutés avec autant de calme que de hardiesse, mit à l'ennemi vingt-cinq hommes hors de combat.

Gʀᴜɴᴇᴡᴀʟᴅ, hussard,

Le 8 février 1874, à Melun, malgré la température exceptionnellement froide et la violence du courant, se précipita dans la Seine pour sauver un de ses camarades. Reçut une médaille d'argent de 2ᵉ classe.

Hᴀᴀɴ, capitaine commandant,
Tᴏᴄᴀʙᴇɴs. hussard,

Le 28 mai 1877, à Toulon, se jetèrent à la mer tout habillés pour sauver un enfant de troupe âgé de huit ans. Le capitaine Haan reçut une médaille d'argent de 1ʳᵉ classe et le hussard Tocabens, une de 2ᵉ.

Hᴀʙᴇʀᴛ, sous-lieutenant,

Le 23 mai 1882, à Saint-Fons, n'écoutant que son courage, se précipita à la tête d'un cheval emporté traînant une voiture sur laquelle le conducteur, renversé de son siège, suspendu par les jambes entre les brancards, la tête contre le sol, courait les plus grands dangers. Reçut une médaille d'argent de 2ᵉ classe.

Vᴏʟᴀɪʀᴇ, trompette.

Le 1ᵉʳ janvier 1887, à Lyon, dans un incendie, se fit remarquer par son dévouement en allant chercher au troisième étage et portant sur ses épaules une femme à moitié asphyxiée par la fumée et qui aurait infailliblement péri au milieu des flammes.

Officiers du Régiment devenus Généraux

Bouchotte. . . . . Ministre de la Guerre.
La Houssaye . . . . Général de division.
Dupré . . . . id.
Lebrun . . . . id.
Domont . . . . id.
Marx . . . . id.
Lafferrière . . . . id.
Marquis de Nadaillac. . . . . id.
de Cissey . . . . Ministre de la Guerre.
Ney . . . . Général de division.
Genestet de Planhol . . . . id.
Marquis de Viel d'Espeuilles . . . . id.
Comte Cramezel de Kerhué. . . . . id.
Savin de Larclause. . . . . id.
Comte de Rochefort . . . . id.
Donop . . . . Général de brigade.
Pelletier-Descarrières . . . . id.
Euzenou de Kersalaun . . . . id.
de Montarby . . . . id.
Tilliard . . . . id.
Renaudot . . . . id.
de la Roque . . . . id.
Renault-Morlière . . . . id.

Liste des Inspecteurs généraux du corps

DEPUIS 1816

MM.	MM.
1816 comte DE GIRARDIN.	1850-1851 LEBON-DESMOTTES.
1817 comte DE FRANCE.	1852 REGNAULT DE SAINT-JEAN-D'AN-
1818 comte DE SAINT-GERMAIN.	GÉLY.
1819 baron CAVAIGNAC.	1853 NOEL.
1820 vicomte MERMET.	1854 PARTOUNEAUX.
1821 baron CAVAIGNAC.	1855 REIBELL.
1822 baron ROUSSEL D'URBAL.	1856 NOEL.
1823 baron NICOLAS.	1857 GUDIN.
1824 comte DE CASTELLANE.	1858 DE COTTE.
1825 DE VERDIÈRE.	1859 DE GRAMMONT.
1826 COURTIER.	1860 FERAY.
1827 comte DE CRILLON.	1861 GUDIN.
1828 comte ORNANO.	1862 DUBERN.
1829 comte DE CASTELLANE.	1863 MORRIS.
1830 Néant.	1864 DE MIRANDOL.
1831 baron GROUVELL.	1865 comte DE CLÉREMBAULT.
1832 baron LALLEMAND.	1866 MORRIS.
1833 baron LALLEMAND.	1867 DE SALIGNAC-FÉNELON.
1834 comte DE SPARRE.	1868 DE NOUE.
1835 comte DE SPARRE.	1869 comte DE CLÉREMBAULT.
1836 baron SUBERVIC.	1870 Néant.
1837 vicomte PRÉVAL.	1871 Néant.
1838 baron WATHIEZ.	1872 HALNA DE FRÉTAY.
1839 comte DE SPARRE.	1873 DE SALIGNAC-FÉNELON.
1840 marquis OUDINOT.	1874 HALNA DE FRÉTAY.
1841 marquis DE LAWŒSTINE.	1875 vicomte DE BERNIS.
1842 comte DEJEAN.	1876 THORNTON.
1843-1845 marquis DE LAWŒSTINE.	1877 MICHÉL.
1847 marquis DE GROUCHY.	1878 DU PREUIL
1848 marquis OUDINOT.	1879-1885 baron DE BOÉRIO.
1849 comte CARRELET.	1886 comte DE KERHUÉ.

CAMPAGNE DE 1870-1871		COMMANDANTS DE CORPS D'ARMÉE	GÉNÉRAUX DE BRIGADE
al DE MAC-MAHON		LETELLIER-VALAZÉ, 2ᵉ div. milʳᵉ 1872	DE FRANCE. 1872
UHESME		BATAILLE. 1874	MERLE. 1873
E SEPTEUIL	1ᵉʳ corps.	CHANZY. 1875	DE MONTARBY. 1874
UCROT		BOURBAKI. 1877	ADBELAL 1875
ICHEL		FARRE. 1879	BRESSOLES. 1876
HANZY		LECOINTE. 1880	LASSOUJOLE. 1877
E LA MORLIÈRE		CARTERET-TRÉCOURT. . . . 1882	SAUTEREAU-DUPART. . . . 1877
UDIN		DAVOUT, duc D'AUERSTAEDT. 1885	DE DANCOURT. 1879
RIAND	19ᵉ corps.		DE SAINT-JEAN 1882
BDELAL			INNOCENTI. 1884
ARGENT			EFFANTIN. 1887
U BARAIL	Armée		
HARLEMAGNE	de Paris.		

Décorations de la Légion d'honneur

1815   DE CHAMBRUN, colonel. — Ch. 18 mars 1815. — Of. 19 septembre 1823.

1816   HAY, sous-lieutenant. — Ch. 13 juillet 1816.

1820   DE BUCY, capitaine. — Ch. 14 juin 1820.

1821   BUREAU, capitaine-trésorier. — Ch. 25 avril 1821.

—   FRANQUIN, capitaine. — Ch. 25 avril 1821.

—   BRION, major. — Ch. 1er mai 1821.

—   DE BEURGES, major. — Ch. 25 avril 1821.

1823   DE TILLY, chef d'escadrons. — Ch. 1er octobre 1807. — Of. 3 octobre 1823.

—   DUBOIS DE BELLEJAME, capitaine. — Ch. 19 septembre 1823.

—   DE KÉROUARTZ, capitaine de 1re cl. — Ch. 5 mai 1823.

—   FEUSIER, lieutenant. — Ch. 3 octobre 1823.

—   POTIER, lieutenant en 1er. — Ch. 23 novembre 1823.

—   PELLETIER-DESCARRIÈRES, colonel. — Ch. 9 juillet 1823. — Of. 14 avril 1844.

1825   DE RUTAUT, capitaine. — Ch. 23 mai 1825.

—   GUERMONT, capitaine de 1re cl. — Ch. 23 mai 1825.

—   BEER, capitaine de 1re cl. — Ch. 8 juin 1825.

—   MORTHELLIER, capitaine de 1re cl. — Ch. 23 mai 1825.

1828   MORLOT, capitaine. — Ch. 28 novembre 1828.

—   RENAUD SAINT-AMOUR, chef d'escadrons. — Ch. 14 janvier 1814. — Of. 5 octobre 1828.

1829   SAGUEZ, lieutenant-colonel. — Ch. 30 octobre 1829. — Of. 14 août 1842.

1831   VIEL, capitaine-trésorier. — Ch. 21 mars 1831.

—   FAURE, capitaine de 1re cl. — Ch. 19 juin 1831.

—   MORIN, lieutenant. — Ch. 19 juin 1831.

—   GUILLAUMOT, capitaine de 1re cl. — Ch. 19 juin 1831.

—   SOUDIEU, sous-lieutenant. — Ch. 21 mars 1831.

—   ESMEZ, major. — Ch. 5 novembre 1804. — Of. 19 juin 1831.

—   MOUTARD, lieutenant. — Ch. 28 novembre 1831.

—   BOYER, chef d'escadrons. — Ch. 21 mars 1831.

1831   DOMERGUE, chef d'escadrons. — Ch. 28 novembre 1813. — Of. 21 mars 1831.

—   DE BONAFFOS DE LA TOUR, chef d'escadrons. — Ch. 6 octobre 1814. — Of. 19 juin 1831.

1833   LATARS, capitaine de 1re cl. — Ch. 5 mai 1833.

—   DE CARRÉGA, lieutenant-colonel. — Ch. 27 décembre 1814. — Of. 5 mai 1833.

1836   O'FARRELL, major. — Ch. 30 avril 1836.

1837   DUNOUY, capitaine. — Ch. 30 mai 1837.

1837 GENESTET DE PLANHOL, colonel. — Ch. 11 novembre 1837. — Of. 21 août 1846. — Com. 16 août 1850.

1838 VÉTAULT, chef d'escadrons. — Ch. 24 août 1838. — Of. 22 avril 1847.

— COURTOT DE CISSEY, capitaine. — Ch. 27 avril 1838.

— GOUÉ, chef d'escadrons. — Ch. 25 avril 1839.

1839 PENTEVILLE DE CERNON, chef d'escadrons. — Ch. 24 août 1838.

— HUGON DE BASSEVILLE, lieutenant-colonel. — Ch. 24 septembre 1813. — Of. 20 avril 1839.

— LHUILLIER, major. — Ch. 7 mai 1839.

1840 BRUCOSTÉ, capitaine de 1re cl. — Ch. 25 avril 1840.

— LEROURVA, major. — Ch. 25 avril 1840. — Of. 16 août 1850.

1841 DE BALSAC, lieutenant-colonel. — Ch. 21 juin 1840.

— DE BALSAC,   —   Ch. 17 août 1841. — Of. 15 août 1860.

1842 GOUX, capitaine adjudant-major. — Ch. 24 avril 1842.

— CANTILLON DE BALLYHIGUE, lieutenant-colonel. — Ch. 28 novembre 1813. — Of. 24 avril 1842.

— SCHOTT, chef d'escadrons. — Ch. 14 août 1842. — Of. 16 août 1850.

1843 PUISSAN, capitaine. — Ch. 10 avril 1843.

— DE NOÉ, lieutenant-colonel. — Ch. 19 avril 1843.

1844 BAUDUIN, capitaine d'habillement. — Ch. 14 avril 1844.

— LASSERRÉ, capitaine de 1re cl. — Ch. 28 septembre 1844.

— CAUCÉRÈS, lieutenant en 1er. — Ch. 28 septembre 1844.

— DOMERGUE, sous-lieutenant. — Ch. 29 septembre 1844.

— HILAIRE-MOISSAC, major. — Ch. 18 septembre 1844.

— DE VACHON, capitaine. — Ch. 14 juillet 1844.

1846 ROCHEFORT, capitaine de 1re cl. — Ch. 15 avril 1846.

— DUPÉRIER DE LARSAN, chef d'escadrons. — Ch. 15 avril 1846. — Of. 1er octobre 1856.

— PÉRIER, chef d'escadrons. — Ch. 25 janvier 1846.

1847 NAVARRIN, capitaine de 1re cl. — Ch. 22 avril 1847.

— DE LAROQUE-LATOUR, capitaine. — Ch. 23 juillet 1847.

1848 RICHERT, capitaine. — Ch. 24 octobre 1848.

— LETURC, major. — Ch. 23 août 1848. — Of. 29 décembre 1854.

1849 THORON, capitaine de 1re cl. — Ch. 17 juillet 1849.

— CHORIÉ, capitaine adjudant-major. — Ch. 10 décembre 1849.

— LEMARCHAND, capitaine adjudant-major. — Ch. 30 août 1849.

— TEXIDOR, lieutenant-colonel. — Ch. 29 juin 1849.

— BAZOCHE, capitaine de 1re cl. — Ch. 13 novembre 1849.

— CARRICHON, major. — Ch. 10 décembre 1849. — Of. 8 septembre 1861.

1850 PASTOURAUX DE LA BRAUDIÈRE, capitaine. — Ch. 2 décembre 1850.

— JULLIAN, capitaine. — Ch. 10 août 1850.

— CHAPUIS, capitaine. — Ch: 20 mai 1850.

— POUZOL, chef d'escadrons. — Ch. 10 août 1850. — Of. 12 mars 1862.

— EUZENOU DE KERSALAUN, colonel. — Ch. 12 septembre 1850. — Of. 1er octobre 1856. — Com. 15 août 1860.

— BRUILS, chef d'escadrons. — Ch. 2 décembre 1850. — Of. 10 octobre 1858.

1850   Brois, capitaine. — Ch. 2 décembre 1850.

1851   Balestrier, capitaine de 1ʳᵉ cl. — Ch. 10 décembre 1851.

—   Varin, capitaine de 1ʳᵉ cl. — Ch. 1ᵉʳ mai 1851.

1852   Luette de la Pilorgerie, capitaine de 1ʳᵉ cl. — Ch. 28 septembre 1852.

—   Izard, capitaine de 1ʳᵉ cl. — Ch. 14 mai 1852.

—   Tilliard, capitaine adjudant-major. — Ch. 28 septembre 1852.

—   Testanière, capitaine adjudant-major. — Ch. 26 décembre 1852.

—   De Cotté, lieutenant-colonel. — Ch. 14 mai 1852.

—   Tilliard, colonel. — Ch. 18 mai 1852. — Of. 6 octobre 1855. — Com.
       13 mars 1864.

—   Collot, lieutenant-colonel. — Ch. 28 septembre 1852. — Of. 28 décem-
       bre 1859.

1853   Caux, capitaine. — Ch. 24 décembre 1853.

—   Bourboulon, lieutenant-colonel. — Ch. 13 août 1853.

1854   Beaugrand, capitaine de 1ʳᵉ cl. — Ch. 9 août 1854.

1855   Fenin, chef d'escadrons. — Ch. 28 décembre 1855.

—   Bourseul, sous-lieutenant. — Ch. 6 octobre 1855.

1856   Dufaur de Pibrac, capitaine de 1ʳᵉ cl. — Ch. 1ᵉʳ octobre 1856.

—   Cramezel de Kerhué, colonel. — Ch. 16 avril 1856. — Of. 11 mars 1871.

—   Bayot, capitaine adjudant-major. — Ch. 12 juin 1856.

1857   De Baylard, capitaine de 1ʳᵉ cl. — Ch. 30 décembre 1857.

—   Gérardin,   —   —

—   Muzac, capitaine. — Ch. 13 août 1857.

1858   Rigolot, capitaine de 1ʳᵉ cl. — Ch. 10 octobre 1858.

—   Helleboid, chef d'escadrons. — Ch. 19 juin 1858.

1859   Rouvière, capitaine adjudant-major. — Ch. 3 avril 1859.

—   Davesiés, capitaine de 1ʳᵉ cl. — Ch. 3 août 1859.

—   De Salignac-Fénelon, lieutenant-colonel. — Ch. 8 décembre 1859. —
       Of. 10 septembre 1864.

—   Liston, capitaine. — Ch. 20 mars 1859.

—   De Viel d'Espeuilles, colonel. — Ch. 17 juin 1859. — Of. 1ᵉʳ février 1867.

—   De Beaumont, chef d'escadrons. — Ch. 13 août 1859. — Of. 30 novem. 1871.

1860   Bories, capitaine de 1ʳᵉ cl. — Of. 29 décembre 1860.

—   Cloquet, lieutenant en 1ᵉʳ. — Ch. 15 août 1860.

—   De Nicot de Maugoy de Neuvecelle, lieutenant. — Ch. 27 juillet 1860.

—   De Reinach, chef d'escadrons. — Ch. 15 août 1860. — Of. 4 mai 1868.

—   De Gillaboz, capitaine. — Ch. 15 août 1860.

1861   Louvel, capitaine-instructeur. — Ch. 12 août 1861.

—   Rouph, chef d'escadrons. — Ch. 8 septembre 1861. — Of. 26 décemb 1861.

—   Geiger, capitaine commandant. — Ch. 27 décembre 1861.

1862   Saurat, major. — Ch. 12 août 1862.

—   Sauvin, capitaine commandant. — Ch. 30 décembre 1862.

—   De Barbançois, chef d'escadrons. — Ch. 26 août 1862. — Of. 12 mai 1869.

1863   Frizac, capitaine commandant. — Ch. 14 mars 1863.

—   Dumonchau, capitaine adjudant-major. — Ch. 30 décembre 1863.

—   De Batsalle, capitaine. — Ch. 14 mars 1863.

—   Raimond, colonel. — Ch. 12 janvier 1863.

1864   VUILLEMOT, chef d'escadrons. — Ch. 27 février 1863.

1863   CHAPUY, capitaine-trésorier. — Ch. 12 août 1864.

    AUBIN, capitaine commandant. — Ch. 20 décembre 1864.

    DE VAUDRIMEY-DAVOUST, sous-lieutenant. — Ch. 20 décembre 1864.

    DE MORELL D'AUBIGNY, sous-lieutenant. — Ch. 20 décembre 1864.

    SAVIN DE LARCLAUSE, chef d'escadrons. — Ch. 25 juillet 1864.

    DE GIRARDIN, sous-lieutenant. — Ch. 26 décembre 1864.

1865   PERSIL-BERRENS, capitaine commandant. — Ch. 7 juin 1865.

    CANÉSIE, major. — Ch. 7 juin 1865. — Of. 13 janvier 1879.

    MASSON, capitaine en 2ᵉ. — Ch. 27 décembre 1865.

    AYROLLE, capitaine. — Ch. 14 mars 1865.

    BRUGUIERE, sous-lieutenant. — Ch. 29 décembre 1865.

    CABASSE, sous-lieutenant. — Ch. 7 juin 1865.

    PÉCATIER, capitaine. — Ch. 29 décembre 1865.

    STELLAGE-BAIGNEUX DE COURCIVAL, capitaine. — Ch. 7 juin 1865.

    FLEURIOT DE LANGLE, lieut.-colonel. — Ch. 7 juin 1865. — Of. 13 mai 1871.

1866   MICHAU, capitaine trésorier. — Ch. 12 août 1866.

    DE SALLES DE HYS, capitaine commandant. — Ch. 22 décembre 1866.

    DUMOUCHEL DE PRÉMARC, sous-lieutenant. — Ch. 12 mars 1866.

    BRA, sous-lieutenant. — Ch. 22 décembre 1866.

    LÉCUYER, capitaine adjudant-major. — Ch. 12 août 1866.

    PERNET, capitaine. — Ch. 12 août 1866.

    REGNIER DE MASSA, chef d'escadrons. — Ch. 1ᵉʳ août 1866.

    AUBERT, capitaine. — Ch. 21 mars 1866.

    BOHIN, colonel. — Ch. 17 juillet 1866.

    CHATELAIN, major. — Ch. 16 mars 1866.

    DE LA ROQUE, lieutenant-colonel. — Ch. 18 juin 1866. — Of. 5 mai 1871.

1867   DE HAINAULT DE CANTELOU, capitaine commandant. — Ch. 11 août 1867.

    ALLIOT, capitaine commandant. — Ch. 7 septembre 1867.

    DE BATSALLE, sous-lieutenant. — Ch. 28 décembre 1867.

    REY, chef d'escadrons. — Ch. 11 août 1867.

    SALES, capitaine. — Ch. 11 août 1867.

    BESAUCELE, colonel. — Ch. 11 août 1867. — Of. 7 février 1871.

1868   DE PERRINELLE-DUMAY, capitaine commandant. — Ch. 10 août 1868.

    SPECKEL, sous-lieutenant. — Ch. 4 mai 1868.

    VALAT, sous-lieutenant. — Ch. 28 décembre 1868.

    BOINARD, lieutenant. — Ch. 28 décembre 1861.

1869   LENORMAND DE KERGRÉ, sous-lieutenant. — Ch 24 décembre 1869.

    DIEUDÉ, sous-lieutenant. — Ch. 24 décembre 1869.

    FERRY, sous-lieutenant. — Ch. 1ᵉʳ septembre 1869.

    DIJOLS, major. — Ch. 12 mai 1869.

    LAUER, major. — Ch. 11 août 1869.

1870   BEUVE, sous-lieutenant. — Ch. 28 octobre 1870.

    DE BREM, capitaine. — Ch. 9 septembre 1870.

1871   COUTURE DE TROISMONTS, sous-lieutenant. — Ch. 13 février 1871.

    RENAULT-MORLIERE, major. — Ch. 9 juin 1871.

    BARBIER, sous-lieutenant. — Ch. 2 septembre 1871.

1871 Péguilhan, sous-lieutenant. — Ch. 5 mai 1871.

— Bost, sous-lieutenant. — Ch. 5 mai 1871.

— Mazure, lieutenant. — Ch. 24 juin 1871.

— De Cullan de Villarson, sous-lieutenant. — Ch. 9 avril 1871.

— De Courcy, capitaine. — Ch. 24 juin 1871.

— De Lur-Saluces, sous-lieutenant. — Ch. 30 novembre 1871.

— De Salignac Fénelon, capitaine. — Ch. 7 février 1871. — Of. 22 mai 1873.

— De Brécey, capitaine adjudant major. — Ch. 2 mars 1871.

— Donop, capitaine. — Ch. 1ᵉʳ août 1871.

— Legendre, lieutenant. — Ch. 9 janvier 1871.

— Carrelet, capitaine commandant. — Ch. 11 mai 1871.

— Révérony, chef d'escadrons. — Ch. 7 mai 1871.

— Bonnefous, lieutenant-colonel. — Ch. 2 septembre 1871.

— De Bellomayre, major. — Ch. 9 avril 1871.

— Bonn, lieutenant-colonel. — Ch. 19 novembre 1871.

— De Lesparda, sous-lieutenant. — Ch. 30 novembre 1871

— Bellaud, sous-lieutenant. — Ch. 30 novembre 1871.

— De Lamerville, capitaine. — Ch. 11 mars 1871.

1872 De Bar, sous-lieutenant. — Ch. 20 novembre 1872.

— Demangeat, capitaine. — Ch. 14 janvier 1872.

1873 Forichon, lieutenant. — Ch. 6 décembre 1873.

— Dubois de Saran, chef d'escadrons. — Ch. 22 mai 1873.

1874 Charles. chef d'escadrons. — Ch. 21 avril 1872.

— Bès, capitaine commandant. — Ch. 20 août 1874.

— Coffinières, sous-lieutenant. — Ch. 21 avril 1874.

— Gaugain, capitaine. — Ch. 20 août 1874.

1875 Gardeur, chef d'escadrons. — Ch. 3 août 1875.

— Florentin, capitaine. — Ch. 3 août 1875.

1876 Fenouil, sous-lieutenant. — Ch. 4 janvier 1876.

— Buirette de Verrieres, chef d'escadrons. — Ch. 18 juillet 1876.

1877 Dieterlen, major. — Ch. 7 août 1877.

1878 Maïieu, lieutenant. — Ch. 5 février 1878.

— Brenier, capitaine. — Ch. 5 février 1878.

1880 Haan, capitaine commandant. — Ch. 3 février 1880.

— Chevassus, capitaine d'habillement. — Ch. 3 février 1880.

1881 De Marcé, capitaine commandant. — Ch. 18 janvier 1881.

1882 Percin, capitaine en 2ᵉ. — Ch. 29 décembre 1882.

— Lebrun, major. — Ch. 5 juillet 1882.

— Marochetti, major. — Ch. 5 juillet 1882.

— Foulc, capitaine commandant. — Ch. 5 juillet 1882.

1883 Renaudot, colonel. — Ch. 20 novembre 1872. — Of. 9 juillet 1883.

1884 Caillibeau, lieutenant. — Ch. 27 décembre 1884.

— Dupuy, capitaine commandant. — Ch. 27 décembre 1884.

— Brichard, capitaine. — Ch. 27 décembre 1884.

— Boudry, capitaine. — Ch. 27 décembre 1884.

— D'Anselme, capitaine. — Ch. 27 décembre 1884.

1886 Caubet, maréchal des logis. — Ch. 28 décembre 1885.

1886 Darcy, chef d'escadrons. — Ch. 24 juin 1886.

Liste des Officiers et assimilés

QUI ONT APPARTENU AU RÉGIMENT DEPUIS 1850

NOMS	ARRIVÉE		DÉPART		RENSEIGNEMENTS
	DATE	GRADE	DATE	GRADE	
VISET DE MAISIÈRES.	7 déc. 1872	sous-lieutenant	29 mars 1873	sous-lieutenant	retraité. Urzy (Nièvre).
OT.	23 sept. 1854	id.	9 sept. 1870	chef d'escadrons	retraité.
ÉANI	12 octob. 1865	id.	24 août 1867	sous-lieutenant	démissionnaire. Paris.
LIN.	16 juillet 1870	id.	18 octob. 1873	lieutenant	retraité. Elbeuf (Seine-Inférieure).
É.	30 sept. 1879	id.	21 mars 1881	sous-lieutenant	lieutenant au 10e hussards.
BELME	6 octob. 1872	capitaine			au corps.
ERQUE	4 août 1869	vétérinaire en 1er	14 mars 1872	vétérinaire en 1er	retraité.
LLOT	12 mai 1872	capitaine d'habill.	26 nov. 1873	capitaine d'habill.	retraité. Confolens (Charente).
N	1er mai 1854	sous-lieutenant	31 octob. 1870	chef d'escadrons	retraité
VAUT.	10 octob. 1852	id.	7 nov. 1863	sous-lieutenant	décédé
RT	23 avril 1875	id.	17 février 1879	id.	retraité. Prades (Pyrén.-Orient.)
STIN.	3 août 1851	id.	28 mars 1857	id.	retraité.
LLE.	23 avril 1863	capitaine	6 octob. 1867	capitaine	décédé.
ATSALLE	6 déc. 1850	sous-lieutenant	26 août 1855	lieutenant	retraité. Orthez (Basses-Pyrénées).
CHE.	20 janv. 1855	capitaine	22 mars 1859	capitaine de 1re cl.	décédé.
ARRÈS	18 nov. 1857	sous-lieutenant	22 mars 1867	lieutenant	démissionnaire.
ATSALLE	5 mai 1859	capitaine	22 avril 1870	capitaine	retraité. Orthez (Basses-Pyrénées).
ATSALLE.	8 juin 1861	sous-lieutenant	14 janv. 1872	capitaine adj.-major	retraité. Rouen (Seine-Inférieure).
ERET.	23 sept. 1861	méd. major de 2e cl.	8 juin 1862	méd. major de 2e cl.	retraité.
RT	4 janv. 1863	sous-lieutenant	3 février 1872	capitaine	en non-activité.
LSAC.	18 octob. 1865	lieutenant-colonel	24 nov. 1867	lieutenant-colonel	décédé.
U	26 octob. 1870	sous-lieutenant	18 février 1875	lieutenant	capitaine-command. au 10e huss.
IER.	1er octob. 1866	id.	18 mars 1872	id.	major au 11e hussards.
ARBANÇOIS.	1er juin 1867	chef d'escadrons	7 janv. 1871	chef d'escadrons	retraité.
R.	8 août 1867	sous-lieutenant	15 juin 1876	lieutenant en 1er	capitaine-command. au 16e chass.
Y DE ROMANET.	4 déc. 1876	id.	1er sept. 1877	sous-lieutenant	lieutenant au 18e chasseurs.
OT	13 sept. 1884	capitaine	21 déc. 1884	capitaine de 1re cl.	à l'État-Major du 19e corps d'arm.
AUD.	14 août 1865	sous-lieutenant	18 mars 1872	lieutenant	capitaine au 10e hussards.
IN.	26 février 1870	méd. aide-maj.1re cl.	15 avril 1873	méd. aide maj. 1re cl.	hôpital de Vincennes.
EAUDRAP.	5 août 1866	sous-lieutenant	13 sept. 1869	lieutenant	décédé.
B.	30 octob. 1867	id.	13 nov. 1873	lieutenant en 1er	capitaine-comm. au 2e chass. d'Afr.
EAUMONT.	14 octob. 1870	chef d'escadrons	19 octob. 1873	lieutenant-colonel	décédé.
HELOT DU BREUIL.	11 février 1871	sous-lieutenant	28 déc. 1871	sous-lieutenant	démissionnaire.
EZÈNE.	14 sept. 1874	id.	5 janv. 1876	id.	démissionnaire. Nîmes.
ERON.	3 nov. 1875	colonel	29 janv. 1876	colonel	décédé.
LLOMAYRE.	15 octob. 1883	major	15 mai 1884	major	major au 11e chasseurs.
.	8 sept. 1883	capitaine command.	16 déc. 1883	capitaine-command.	retraité. Castelnaudary.
OÈLE	15 octob. 1883	colonel	6 mai 1887	colonel.	s.-ch. d'ét.-maj. du 14e c. d'armée.
.	30 octob. 1883	sous-lieutenant	5 juin 1884	sous-lieutenant	sous-lieutenant de gendarmerie.
C.	29 octob. 1884	id.			au corps.
BOULON.	28 mai 1856	lieutenant-colonel	27 mars 1863	colonel	retraité.
EUL.	7 août 1856	sous-lieutenant	22 avril 1863	sous-lieutenant	colonel au 17e chasseurs.
ANGER	23 janv. 1857	lieutenant	6 janv. 1864	capitaine	retraité. Paris.
.	18 juin 1854	capitaine-trésorier	1er oct. 1886	capitaine	commt en second l'école d'Autun.
ARD.	24 mars 1872	lieutenant	20 octob. 1873	id.	retraité. Pontivy.
BOURDONNAYE.	9 juin 1872	sous-lieutenant	17 février 1877	sous-lieutenant	capitaine au 12e chsseurs.
ERIO.	21 octob. 1879	id.	19 juin 1882	id.	lieutenant au 6e hussards.
N.	5 avril 1876	id.	4 février 1878	colonel	décédé.
OT	20 mars 1876	id.	3 juin 1880	lieutenant	décédé.
DON.	30 juillet 1874	méd. aide-maj. 1re cl.	31 janv. 1879	méd. aide-maj. 1re cl.	médecin major de 2e cl. au 18e bat. de chasseurs à pied.
HERBAU.	22 octob. 1883	id.			au corps.
IER.	11 août 1876	capitaine	23 février 1877	capitaine	capitaine-command. au 8e huss.
LLY.	16 juin 1876	lieutenant	16 mars 1883	lieutenant	capitaine d'habillem. au 1er spahis.
ÈRE	31 mars 1879	sous-lieutenant	4 février 1881	sous-lieutenant	lieutenant, au 2e hussards.

NOMS	ARRIVÉE		DÉPART		RENSEIGNEMEN[TS]
	DATE	GRADE	DATE	GRADE	
Bonnefous	27 sept. 1880	lieutenant-colonel	8 juillet 1886	colonel	colonel au 1er chasseurs d'Af[rique]
Boudrie	21 mai 1881	capitaine	10 août 1885	capitaine	décédé.
Bruils	1er mai 1854	chef d'escadrons	20 août 1859	chef d'escadrons	retraité.
Brois	1er mai 1854	sous-lieutenant	21 mars 1868	adjudant-major	retraité.
Bra	19 mars 1862	id.	16 avril 1871	capitaine	chef d'escadrons au 2e chass[eurs]
Bruguière	13 janv. 1864	id.	1er avril 1870	capitaine d'habill.	retraité.
Brahaut	24 juillet 1870	id.	3 sept. 1870	sous-lieutenant	tué à l'ennemi.
De Brem	5 avril 1871	capitaine	12 déc. 1878	capitaine-command.	chef d'escadrons au 17e chass[eurs]
De Brécey	23 mai 1874	capitaine adj.-major	24 mai 1875	capitaine adj.-major	chef d'escadrons au 13e chass[eurs]
Brenier	25 mai 1879	capitaine	20 mai 1884	capitaine	chef d'escadrons commanda[nt] dép. de remonte de Bec-Hell[ouin]
Brichard	20 mai 1882	id.			au corps.
Burignot de Varenne	20 janv. 1886	sous-lieutenant	16 juillet 1869	sous-lieutenant	démissionnaire.
Buirette de Verrières	8 juillet 1881	chef d'escadrons			au corps.
Bonn	8 juillet 1886	lieutenant-colonel			commandant la circonscripti[on] remonte de Tarbes.
Canésie	1er mai 1854	sous-lieutenant	24 juillet 1879	major	retraité. Périgueux.
Cauro	12 janv. 1856	capitaine	28 nov. 1858	capitaine	retraité.
Carrichon	27 juin 1856	major	1er août 1866	major	retraité. Hazebrouck (Nord).
Cabasse	2 sept. 1865	sous-lieutenant	19 juillet 1872	capitaine-command.	démissionnaire. Alger.
Caussé	5 avril 1872	vétérinaire en 1er	11 juin 1875	vétérinaire en 1er	démissionnaire. Bordeaux.
De Carayon-Latour	20 août 1870	sous-lieutenant	20 octob. 1873	lieutenant	capitaine au 12e cuirassiers.
Castandet	4 février 1860	vétérinaire en 1er	4 février 1860	vétérinaire en 1er	décédé.
De Cabrières	4 janv. 1871	sous-lieutenant	20 mai 1880	lieutenant	démissionnaire. Nîmes.
Carrichon	1er mai 1871	id.	30 août 1882	capitaine	capitaine au 12e dragons.
Caron	10 juin 1875	lieutenant	20 avril 1877	lieutenant	capitaine-command. au 3e sp[ahis]
De Carbonel	30 déc. 1876	id.			au corps.
Carrelet	8 janv. 1878	capitaine-command.			au corps.
Carbonel de Canisy	27 déc. 1878	capitaine	26 sept. 1881	capitaine	capitaine-écuyer à l'Éc. de Sau[mur]
Caillibeau	16 sept. 1879	id.			au corps.
De Calouin de Tréville	22 nov. 1884	sous-lieutenant			au corps.
Cholet	5 octob. 1853	id.	27 avril 1863	capitaine de 1re cl.	démissionnaire.
Chauvrat	15 octob. 1875	aide-vétérinaire	12 février 1879	aide-vétérinaire	vétérinaire en 2e au 29e d'art[illerie]
Chabaille d'Auvigny	8 août 1856	sous-lieutenant	28 août 1858	sous-lieutenant	démissionnaire. Pont-Saint-[...] (Aisne).
Chabaille d'Auvigny	31 déc. 1856	id.	6 mars 1864	lieutenant	décédé.
Chatelain	19 juillet 1879	major	12 février 1883	major	retraité. Vincennes.
Charles	8 janv. 1882	chef d'escadrons	14 juin 1882	chef d'escadrons	retraité. Paris.
Chaindé	13 juin 1883	lieutenant			au corps.
Chevassus	29 mars 1885	capitaine d'habill.	13 février 1887	capitaine d'habill.	retraité. Moirans (Jura).
Cloquet	29 août 1855	sous-lieutenant	24 mars 1867	lieutenant en 1er	retraité.
De Clinchamp	1er février 1871	id.	26 mars 1872	sous-lieutenant	démissionnaire. Paris.
Du Cor de Duprat	17 avril 1871	id.	29 mars 1873	id.	capitaine-command. au 24e d[...]
De Coma	25 mai 1853	id.	19 août 1858	capitaine instruct.	retraité.
De Cotté	23 juin 1855	lieutenant-colonel	10 mai 1856	lieutenant-colonel	retraité.
Couture	12 juin 1852	méd. aide-maj. 2e cl.	10 juin 1853	méd. aide-maj. 2e cl.	retraité.
Courtin	29 mars 1871	id.	26 sept. 1871	méd. major de 2e cl.	retraité. Montpellier.
Coffinières	3 mars 1863	sous-lieutenant	31 juillet 1874	capitaine adj.-major	retraité. Montpellier.
Collot	3 avril 1863	lieutenant-colonel	26 octob. 1865	lieutenant-colonel	retraité.
De Courcy	5 janv. 1871	capitaine	4 juin 1871	capitaine	démissionnaire.
De Coetlogon	1er février 1871	sous-lieutenant	24 mars 1871	sous-lieutenant	démissionnaire.
Cord'homme	31 octob. 1882	lieutenant			au corps.
Couture de Troismonts	22 août 1860	sous-lieutenant	15 mars 1874	capitaine command.	retraité. Paris.
De Crussol d'Uzès	1er octob. 1859	id.	23 avril 1867	lieutenant	démissionnaire. Paris.
De Crousnilhon	14 octob. 1885	lieutenant			au corps.
De Cullan de Villarson	25 sept. 1870	sous-lieutenant	5 nov. 1873	sous-lieutenant	démissionnaire.
Castain	30 janv. 1887	capitaine			détaché au dépôt de remont[e de] Tarbes.
De Dampierre	17 avril 1871	sous-lieutenant	29 mars 1872	sous-lieutenant	capitaine au 16e chasseurs.
De Dampierre	14 avril 1871	id.	19 juin 1872	lieutenant	démissionnaire. Amiens.

NOMS	ARRIVÉE		DÉPART		RENSEIGNEMENTS
	DATE	GRADE	DATE	GRADE	
CY...........	21 février 1883	chef d'escadrons			au corps.
BARATS	23 avril 1869	capitaine	12 octob. 1869	capitaine	retraité.
ACOUR........	8 août 1869	sous-lieutenant	16 mars 1873	lieutenant en 1er	décédé.
ANGEAT	26 mars 1872	capitaine	21 mai 1873	capitaine-command	démissionnaire. Préf. de la Drôme
LANDES	24 octob. 1872	sous-lieutenant	15 déc. 1878	sous-lieutenant	capitaine au 9e cuirassiers.
UELLE........	30 nov. 1875	capitaine-trésorier	2 janv. 1883	capitaine-command.	capitaine au recrutem. Poitiers.
UELLE........	3 mars 1877	sous-lieutenant	24 avril 1881	sous-lieutenant	décédé.
ASSE........	30 octob. 1883	id.			au corps.
ORME	1er nov. 1885	id.			au corps.
ANDRE.......	3 octob. 1883	méd.-major. de 2e cl.			au corps.
RADE.........	10 octob. 1880	vétérinaire en 2e			au corps.
ERLEN.......	26 mai 1883	major	17 juin 1884	major	retraité. Beaurepaire (Isère).
DÉ.........	11 août 1862	sous-lieutenant	1er avril 1871	capitaine	retraité.
ER	4 février 1866	vétérinaire en 2	11 février 1866	vétérinaire en 2e	retraité.
LS	7 sept. 1860	major	25 nov. 1870	major	retraité.
AN DE KÉROMAN...	21 mars 1872	sous-lieutenant	24 mai 1872	sous-lieutenant	démissionnaire.
OP	23 juin 1875	capitaine	10 octob. 1877	capitaine-command.	colonel du 4e chasseurs.
ZEL	22 février 1883	lieutenant	12 sept. 1885	lieutenant	non-activité.
ÉRIER DE LARSAN...	25 nov. 1851	chef d'escadrons	21 août 1857	chef d'escadrons	retraité.
ONCHAU.......	31 juillet 1854	sous-lieutenant	5 déc. 1870	capitaine de 1re cl.	retraité.
OUCHEL DE PRÉMARC.	16 mars 1861	id.	20 mars 1873	capitaine adj.-major	retraité. Eu (Seine-Inférieure).
OST	5 janv. 1871	id.	23 août 1871	sous-lieutenant	démissionnaire.
OIS DE SARAN.....	25 juin 1871	chef d'escadrons	19 avril 1873	chef d'escadrons	retraité.
UY...........	29 mars 1872	sous-lieutenant			capitaine-commandant au corps.
ROS	9 juin 1872	sous-lieutenant	13 mars 1879	sous-lieutenant	capitaine au 6e hussards.
RÉ..........	1er mai 1877	capitaine	1er mai 1879	capitaine	major au 2e hussards.
HASSAING DE RATE-DULT ...	11 avril 1879	id.	3 sept. 1883	capitaine-command.	capitaine-command. l'annexe du dépôt de remonte de Tarbes.
AND	17 avril 1885	lieutenant			au corps.
AU	6 février 1852	vétérinaire en 2e	28 juin 1853	vétérinaire en 2e	retraité.
ACHY	2 nov. 1886	sous-lieutenant			au corps.
AND	3 nov. 1886	id.			au corps.
STAINVILLE......	26 juin 1880	lieutenant	22 sept. 1882	lieutenant	officier d'ordonnance du maréchal de Mac-Mahon.
ENOU DE KERSALAUN.	15 janv. 1853	colonel	12 août 1861	colonel	général retraité. Paris.
MAR	13 mars 1867	sous-lieutenant	23 nov. 1870	lieutenant	chef d'escadrons commandant le dépôt de remonte de Sampigny.
NOT DE MONCEY ...	13 août 1857	sous-lieutenant	7 octob. 1864	lieutenant	tué à l'ennemi.
CONNIER.........	3 déc. 1876	id.			lieutenant au corps.
RE		id.	21 avril 1880	sous-lieutenant	sous-lieutenant de réserve.
CHON.........	14 janv. 1878	lieutenant	28 mars 1880	lieutenant	capitaine au 3e spahis.
RY..........	26 déc. 1863	sous-lieutenant	18 mai 1874	capitaine adj-major	retraité. Rignovelle (H.-Saône).
OUIL	11 nov. 1870	id.	8 sept. 1876	sous-lieutenant	capitaine-trésorier à l'École de Saumur.
QUET.........	9 nov. 1866	aide vétérinaire	24 mai 1867	aide-vétérinaire	vétérinaire en 1er au 38e d'artillerie
RENTIN.......	13 août 1873	capitaine	19 avril 1877	capitaine	décédé.
URIOT DE LANGLE...	17 nov. 1873	lieutenant-colonel	18 août 1876	lieutenant-colonel	retraité.
CHON	20 janv. 1866	lieutenant	23 avril 1875	capitaine	retraité.
LC	22 février 1884	capitaine-command.			au corps.
H...........	6 juin 1880	méd. maj. de 2e cl.	20 juin 1881	méd. major de 1re cl.	médecin-major de 1re classe au 26e d'artillerie.
MONT.........	24 sept. 1871	id.	14 janv. 1876	id.	médecin-major de 1re classe au 119e d'infanterie.
AC	1er mai 1854	sous-lieutenant	1er mai 1869	capitaine-command.	retraité. Lézignan (Aude).
ANTÈS........	29 déc. 1860	sous-lieutenant	19 juin 1863	sous-lieutenant	démissionnaire.
DANNE DE VAULGRE-AND...	15 nov. 1869	id.	18 mars 1872	lieutenant	démissionnaire.
NIER.........	6 juin 1872	id.	28 juin 1875	id.	capitaine de gendarmerie.

NOMS	ARRIVÉE		DÉPART		RENSEIGNEMENTS
	DATE	GRADE	DATE	GRADE	
Gaugain	4 déc. 1872	capitaine	17 nov. 1875	capitaine	retraité. Paris.
de Gain	30 nov. 1879	sous-lieutenant	16 août 1884	sous-lieutenant	lieutenant au 10e hussards.
Gardeur	23 juillet 1882	chef d'escadrons	15 janv. 1883	chef d'escadrons	retraité. Thierville (Meuse).
Geslin de Bourgogne	22 sept. 1877	lieutenant	19 in 1881	lieutenant	capitaine au 10e hussards.
de Gillaboz	4 mars 1868	capitaine	4 nov. 1871	capitaine-command.	retraité.
de Girardin	29 déc. 1863	sous-lieutenant	31 déc. 1875	id.	lieutenant-colonel au 18e cha
de Goyon	1er février 1871	id.	26 mars 1872	sous-lieutenant	démissionnaire. Chantenay (L
Graindorge	1er juillet 1882	vétérinaire en 1er			au corps.
Guépratte	28 janv. 1885	capitaine			au corps.
Guignard	3 déc. 1876	sous-lieutenant	20 octob. 1879	id.	lieutenant au 14e chasseurs.
Guerlet	5 janv. 1876	id.	10 juillet 1879	id.	démissionnaire. Reims (Marn
de Guroye	22 janv. 1864	id.	20 mars 1867	id.	retraité.
de Gouy d'Arsy	30 janv. 1887.	lieutenant			au corps.
de Hainault de Cante-lou	23 sept. 1854	sous-lieutenant	12 octob. 1871	capitaine-command.	retraité.
Hautbout	7 nov. 1870	id.	8 sept. 1871	sous-lieutenant	capitaine au 2e hussards.
de la Hamayde	18 avril 1872	lieutenant	10 août 1876	capitaine	démissionnaire. Chaumont(Ha Marne).
Haan	22 déc. 1875	capitaine	1er février 1884	capitaine-command.	retraité. Commissaire du gouv au conseil de guerre d'Alge
Habert	26 déc. 1873	sous-lieutenant	19 octob. 1883	sous-lieutenant	lieutenant au 3e chasseurs.
Helleboïd	27 février 1869	chef d'escadrons	13 octob. 1870	chef d'escadrons	retraité.
Heurtault de Lammer-ville	6 nov. 1881	capitaine	16 octob. 1883	capitaine command.	chef d'escadrons au 12e chasse
Hurault de Vibraye	9 juin 1874.	id.	22 mars 1885	id.	major au 7e chasseurs.
Jeanniot	24 déc 1853	sous-lieutenant	2 sept. 1865	sous-lieutenant	démissionnaire.
Jourdaine	1er sept. 1856	lieutenant en 1er	12 déc. 1860	capitaine	retraité.
Cramezel de Kerhué	10 déc. 1870	colonel	18 octob. 1875	colonel	général de division command 6e division de cavalerie.
de Lalande	1er octob. 1861	sous-lieutenant	23 juillet 1863	sous-lieutenant	décédé.
Lassime	8 déc. 1865	id.	14 janv. 1872	capitaine-command.	démissionnaire.
Lacoste	30 octob. 1861	id.	17 avril 1871	lieutenant.	démissionnaire. Arudy(B.-Pyré
de Labrousse	15 nov. 1868	id.	16 avril 1871	id.	démissionnaire. Boulogne-s.-M
de La Chaise	2 mars 1872	id.	20 octob. 1873	sous-lieutenant	capitaine-command. au 3e cui
comte Lauer	2 mai 1878	major	13 mars 1880	chef d'escadrons	retraité. Alger.
Larive	3 mars 1883	capitaine			au corps.
Laquerrière	30 octob. 1861	aide-vétérinaire	7 nov. 1866	aide-vétérinaire	retraité.
La Bronsse des Gasons					
Lagroy de Crouste de Saint-Martin	21 déc. 1885	leutenant			au corps.
Leturc	9 nov. 1852	chef d'escadrons	26 avril 1856	chef d'escadrons	retraité.
Lebon-Denouac	1er octob. 1853	sous-lieutenant	28 octob. 185		retraité.
Légier	22 avril 1874	id.	7 mai 1886	capitaine-command.	capitaine d'hab. à l'Éc. de Saum
Lenormant de Kergré	7 nov. 1858	id.	18 août 1876	id.	lieutenant-colonel au 11e drag
Levavasseur	14 mars 1859	id.	1er avril 1831	sous-lieutenant	décédé.
de Lesparda	6 déc. 1863	id.	2 mai 1874	capitaine-instruct.	démissionnaire. Pau(Basses-Py
Lécuyer	3 mai 1871	id.	30 octob. 1873	capitaine	retraité.
Legendre	9 août 1875	capitaine adj.-major	11 mars 1881	lieutenant	décédé.
Lebrun	15 août 1881	lieutenant	20 août 1886	chefs d'escadrons	à l'État-major du 12e corps.
Le Bel	12 nov. 1874	major	8 juillet 1886	sous-lieutenant	lieutenant.
Le Morvan	5 octob. 1881	sous-lieutenant	13 janv. 1876	vétérinaire en 2e	vétérinaire en 2e au 12e cha
Leroy	24 mai 1879	méd.-aide-maj.1re cl.	27 octob. 1882	méd. aide-maj.1re cl.	médecin-major 2e cl. au 6e cui
Liston	8 août 1869	capitaine	11 nov. 1871	capitaine	retraité. Morsan (Eure).
Liguistin	21 déc. 1861	vétérinaire en 1er	14 août 1867	vétérinaire en 1er	retraité.
Louvel	14 mars 1859	captaine instruct.	7 juin 1871	chef d'escadrons	retraité. Mouzon (Ardennes).

| NOMS | ARRIVÉE | | DÉPART | | RENSEIGNEMENTS |
	DATE	GRADE	DATE	GRADE	
LOUVAT	1er octob. 1874	sous-lieutenant	22 octob. 1875	sous-lieutenant	capitaine-instructeur au 7e huss.
LOUVEL	8 déc. 1870	id.	12 août 1872	id.	lieutenant au 12e dragons.
DE LUR-SALUCES.	8 avril 1871	id.	3 janv. 1876	lieutenant	démissionnaire, Bordeaux.
MASSON	31 juillet 1854	sous-lieutenant	20 août 1869	capitaine en 2e	retraité.
DE MAYNARD	10 octob. 1858	id.	16 février 1861	sous-lieutenant	démissionnaire.
MAEDER	25 avril 1870	id.	1er avril 1871	lieutenant	capitaine-command. au 23e drag.
MAZURE	13 sept. 1870	id.	1er avril 1871	capitaine	retraité.
DU MAS DE LA FOUGÈRE.	11 juin 1872	id.	8 sept. 1876	id.	capitaine au 13e dragons.
DE MAILLIER	20 avril 1873	lieutenant	24 mai 1875	lieutenant	capitaine au 7e chasseurs.
DE MARCÉ.	13 août 1874	capitaine instruct.	9 juillet 1884	capitaine-command.	démissionnaire. Château de Mau- rivet, par Thézenay (Deux-Sèv.)
MAHIEU	18 juillet 1876	lieutenant	17 juin 1883	lieutenant	capitaine retraité. Steenbecque. (Nord).
MARETTE DE LA GARENNE	25 août 1876	id.	18 déc. 1877	id.	capitaine écuyer à l'École supér. de guerre.
MARETTE DE LA GARENNE	13 janv. 1878	sous-lieutenant	30 mai 1880	sous-lieutenant	capitaine-instruct. au 15e chass.
MAGNIN	29 octob. 1884	id.			au corps.
MALHOMÉ	20 octob. 1880	lieutenant			au corps.
DE MERVAL.......	21 mars 1872	sous-lieutenant	11 sept. 1874	id.	capitaine écuyer à l'École supér. de guerre.
MERCIER........	29 mai 1867.	id.	1er avril 1871	capitaine	démissionnaire, Paris.
MICHAU	31 juillet 1854	id.	15 nov. 1870	major	retraité.
MOUTON	30 déc. 1875	méd. major de 2e cl.	31 janv. 1879	méd. major de 2e cl.	médecin major de 1re classe au 22e de ligne.
MOTTIN..........	29 août 1854	sous-lieutenant	5 juillet 1856	sous-lieutenant	retraité
DE MORNAY-SOULT DE DALMATIE ..	31 déc. 1856	id.	23 mai 1866	capitaine	chef d'escadrons au 12e chasseurs.
DE MORELL D'AUBIGNY.	17 mars 1860	id.	15 mai 1869	lieutenant en 1er	démissionnaire.
MORFIN.........	12 août 1861	id.	18 juillet 1866	sous-lieutenant	démissionnaire.
MOREAU	14 août 1867	capitaine	8 juin 1868	capitaine	retraité.
MOUCHARD........	10 avril 1872	lieutenant	13 mars 1875	lieutenant	décédé.
MOREL..........	27 avril 1875	chef d'escadrons	19 juin 1881	chef d'escadrons	lieutenant-colonel retraité. Paris.
MOLÈRE	13 juin 1881	lieut. adj. au trés.			au corps.
MAROCHETTI	26 février 1887	major			au corps.
DE NAVAILLES......	11 juillet 1864	lieutenant	20 avril 1869	capitaine	retraité. Pau.
NICARD..........	13 mars 1867	sous-lieutenant	12 octob. 1871	lieutenant en 1er	démissionnaire.
DE NICOD DE MAUGUY DE NEUVECELLE	27 mai 1863	lieutenant	31 janv. 1866	id.	démissionnaire.
DE NOE	14 mars 1850	lieutenant-colonel	15 octob. 1851	lieutenant-colonel	retraité.
NOEL...........	30 nov. 1873	lieutenant	5 nov. 1875	lieutenant	capitaine au 8e chasseurs.
D'ONCIEU DE LA BATIE.	29 octob. 1880	sous-lieutenant	18 sept. 1883	sous-lieutenant	démissionnaire. Lyon.
PAULET	17 octob. 1878	lieutenant	1er déc. 1885	lieutenant	capitaine au 11e cuirassiers.
DE PALMA........	30 octob. 1883	sous-lieutenant			au corps.
PERSIL-BERRENS	1er mai 1854	id.	24 août 1867	capitaine-command.	retraité.
DE PÉRINELLE-DUMAY.	1er octob. 1854	id.	16 avril 1871	id.	retraité.
PÉRIER.........	13 août 1857	chef d'escadrons	27 mars 1864	lieutenant-colonel	retraité.
PÉCATIER	24 octob. 1866	capitaine	17 juin 1872	capitaine	retraité.
PÉGUILHAN.......	14 août 1867	sous-lieutenant	20 octob. 1873	lieutenant en 1er	capitaine retraité. Fontainebleau
PEREZ..........	22 juillet 1870	id.	1er avril 1876	id.	capitaine au 6e hussards.
PERNET	27 août 1872	capitaine	7 mai 1873	capitaine	décédé.
DE PEYTES DE MONTCA-BRIER	28 octob. 1882	lieutenant			au corps.
PERCIN..........	31 janv. 1884	capitaine			décédé.
PÉTER	30 déc. 1884	capitaine-instruct.			au corps.
DE PINS.........	1er octob. 1860	sous-lieutenant	21 déc. 1865	sous-lieutenant	démissionnaire.

NOMS	ARRIVÉE		DÉPART		RENSEIGNEMENTS
	DATE	GRADE	DATE	GRADE	
Pigot	13 mai 1873	sous-lieutenant	27 sept. 1880	sous-lieutenant	capitaine retraité. . .
Pineau.	24 juillet 1876	lieutenant	23 mars 1877	lieutenant	décédé.
Pons.	9 juillet 1881	méd. major de 2e cl.	24 juin 1883	méd. major de 2e cl.	médecin-major de 1re classe, hôpitaux d'Alger.
Poyard.	6 déc. 1870	sous-lieutenant	24 mars 1871	sous-lieutenant	décédé.
Prévost de la Bouterière	1er mai 1854	lieutenant	25 mars 1860	capitaine adj.-major	démissionnaire.
Prunier.	2 août 1853	sous-lieutenant	18 juin 1864	lieutenant	lieutenant-colonel au 9e chasseurs
Raimond.	6 mai 1887	colonel			au corps. . . . . .
de Raity de Villeneuve de Vittré.	31 juillet 1874	capitaine adj.-major	22 avril 1875	capitaine adj.-major	lieutenant-colonel au 4e chasseurs
Ramotowski	25 janv. 1875	capitaine	28 avril 1882	capitaine-command.	chef d'escadrons instructeur en chef à Saumur.
de Reinach.	11 avril 1864	chef d'escadrons	10 nov. 1870	chef d'escadrons	retraité.
Renault-Morlière . . .	10 mai 1866	capitaine	4 avril 1878	lieutenant-colonel	général de brigade, directeur de la cavalerie au minist. de la guerre
Rey	24 février 1869	capitaine	24 février 1871	chef d'escadrons	retraité. Paris.
Régnier de Massa. . . .	6 juillet 1873	chef d'escadrons	20 mai 1874	id.	démissionnaire. Paris.
Renaudot.	16 mars 1878	colonel	31 août 1883	colonel	général de brigade commandant la 15e brigade de cav. Marseille
Revérony.	1er avril 1880	chef d'escadrons	18 sept. 1881	chef d'escadrons	lieutenant-colonel au 8e chasseurs
Rouph.	11 août 1859	id.	25 mai 1867	id.	retraité.
Rœsch.	17 août 1875	lieutenant	3 février 1882	lieutenant	capitaine au 3e chass. d'Afrique.
Robiou.	26 août 1875	id.	20 août 1876	id.	capitaine au 12e hussards.
de la Roque.	5 sept. 1876	lieutenant-colonel	27 sept. 1880	lieutenant-colonel	général de brigade sous-chef d'état-major général.
Roux.	12 juin 1881	sous-lieutenant	8 nov. 1885	lieutenant	lieutenant au 11e chasseurs.
Robert	19 mars 1883	méd. aide-maj. 1re cl.	21 octob. 1883	méd. aide-maj. 1re cl.	médecin-major de 2e cl. Algérie.
de Salles de Hys. . . .	6 octob. 1855	sous-lieutenant	1er avril 1871	capitaide-command.	colonel au 5e chasseurs,
Savin de Larclause. . .	25 sept. 1863	chef d'escadrons	18 mars 1869	chef d'escadrons	général de division chef d'état major général.
de Salles de Hys. . . .	31 octob. 1859	sous-lieutenant	29 mars 1862	sous-lieutenant	retraité.
de Salignac-Fénelon. .	1er février 1872	capitaine	16 août 1877	chef d'escadrons	lieutenant-colonel au 15e chasseurs
de Salignac-Fénelon. .	16 nov. 1867	lieutenant-colonel	5 mars 1869	lieutenant-colonel	colonel retraité.
Sales	25 août 1876	capitaine	31 janv. 1879	capitaine	retraité. Pau (Basses-Pyrénées).
de Saint-Mart.	7 juin 1877	id.	14 mai 1879	capitaine-instruct.	capitaine au 8e chasseurs.
de Salmon de Loiray. .	31 octob. 1881	sous-lieutenant	16 août 1884	lieutenant	lieutenant au 8e hussards.
Saint-Hilaire Moissac.	23 avril 1856	major	25 juin 1856	major	retraité.
Schultz.	1er août 1881	lieutenant	13 février 1887	capitaine	capitaine au 9e hussards.
Segond	10 octob. 1870	sous-lieutenant	2 février 1875	lieutenant	décédé.
Speckel.	13 nov. 1870	id.	2 février 1875	capitaine-command.	décédé.
Spitzer	6 sept. 1863	id.	19 sept. 1870	sous-lieutenant	capitaine au 5e cuirassiers.
Stellage Baigneux de Courcival	21 avril 1869	capitaine	10 mars 1871	capitaine-command.	démissionnaire
Tenidor.	22 octob. 1851	lieutenant-colonel	6 juillet 1855	colonel	retraité.
Tilliard.	12 août 1861	colonel	14 juillet 1870	id.	général décédé.
Tirefort	6 février 1887	capitaine trés.			au corps.
d'Ussel	11 octob. 1863	sous-lieutenant	9 août 1869	sous-lieutenant	au corps
de Vaudrimey Davoust .	18 mars 1857	id.	9 août 1869	capitaine	démissionnaire. Paris.
Valat	13 avril 1863	id.	23 déc. 1872	id.	chef d'escadrons au 6e dragons.
de Vachon	8 déc. 1855	id.	5 juin 1866	id.	retraité.
de Vassinhac d'Imécourt	31 déc. 1869	id.	5 juin 1876	lieutenant	capitaine command. au 2e chass.
Valicon	21 mai 1878	capitaine-command.			au corps.
Varenard de Billy. . .	10 octob. 1878	sous-lieutenant			lieutenant au corps.
Verninac	10 octob. 1854	id.	28 juin 1865	chef d'escadrons	retraité.
Veyfour	3 juin 1872	id.	10 juin 1875	sous-lieutenant	capitaine de gendarmerie. Marvejols (Lozère).
Vernet	2 juin 1881	id.	24 déc. 1885	lieutenant	lieutenant au 3e chasseurs.
de Viel d'Espeuilles. .	3 juillet 1870	colonel	1er déc. 1870	général	général de division commandant la 4e division de cavalerie.
Villercy	14 juillet 1872	sous-lieutenant	21 avril 1874	sous-lieutenant	démissionnaire. Paris.
Viard	3 juin 1881	id.	9 déc. 1883	s.-lieut. adj. au trés.	lieutenant à la 5e compagnie des cavaliers de remonte.
Vuillemot.	22 février 1872	chef d'escadrons	18 mars 1878	chef d'escadrons	colonel retraité.
Wambergue.	23 janv. 1856	sous-lieutenant	8 sept. 1862	lieutenant	retraité.
de Wignacourt.	1er octob. 1867	id.	23 octob. 1869	sous-lieutenant	démissionnaire.
Zylof de Steenbourg. .	13 août 1872	capitaine	23 déc. 1875	capitaine	chef d'escadrons au 4e hussards.

Officiers de réserve.

Allex, sous-lieutenant, 1878-1882.
Bouyer,   id.   1884.
Breynat,   id.   1879-1882.
Delagenest,   id.   1885.
Flotard,   id.   1881-1882.
Ginther,   id.   1877-1880.
Guerlet,   lieutenant   1880-1882.
Noubel, sous-lieutenant, 1877-1885.

Pacaud, sous-lieutenant, 1885.
de Rochefort-Syrieix, id 1881.
Rousset,   id.   1878-1880.
Sassy,   id.   1880-1881.
Tissandier d'Escouts, id. 1881-1885.
de Vilar,   id.   1878-1883.
Mondrillon,   id.   1886.

CAMPAGNES

DU

3ᴱ RÉGIMENT DE HUSSARDS

(Batailles, Combats, Sièges)

1792   *Campagne du Nord.* — Mons, Boussu, Bavay, Courtray, Thionville, Longwy, Ober-Veillerhoff, Mayence, Valmy,

1793   Blaton, Arlon, Evrauge, Frœschwiller, Wœrth, Lembach. *Armées de la Moselle et du Rhin.* — Landau, Deux-Ponts. *Armées des Pyrénées-Orientales.* — Perpignan, Peyrestortes, Bouton, Saint-Laurent-la-Moujà.

1794   *Campagne du Nord.* — Malines, Cambrai.

1795   Liège.

1796   Neuwied.

1798   Diest.

1799   Schrinheim, Iklengen.

1805 — 1808   *Campagne d'Allemagne.* — Ober-Elchingen, Elchingen, Ulm, Iéna, Magdeboug, Gollup, Bartenstein, Porwangen, Elsau, Alt-Reichau, Hof, Eylau, Allenstein, Dantzig, Guttstadt, Friedland.

1808   *Campagnes d'Espagne et de Portugal.* — Tudéla, Astorga, Villafranca.

1809   Calcabellos, Banos, Damaniès, Alba-de Tormès, Almeida, Busaco, Ciudad-Rodrigo, Léria, Alcoluto, Redinha, Fuentès-de-Onôro.

1813   Vittoria.

1813   *Campagne d'Allemagne.* — Leipzig.

1814 — 1815	*Campagne de France.* — Brienne, Montereau, Belfort et Sevenans.
1823 — 1824	*Campagne d'Espagne.* — Pampelune, Tramaced.
1861 — 1865	*Algérie.* — Aïn-Zafrant, Aïn-Malakof.
1870 — 1871	*Campagne contre l'Allemagne.* — Wissembourg, Reichshoffen, Sedan.
	Campagne de Normandie. — Saint-Germer, Ecouis.
1875	*Algérie.*
1876	El-Amri.

LISTE DES SOUSCRIPTEURS

BOULANGER, général de division, ex-ministre de la guerre.
DE KERHUÉ (Auguste-Victorin), général commandant la 6e division de cavalerie à Lyon.
DE LARCLAUSE, général de division à Paris.
D'ESPEUILLES, général de division à Paris.
RENAULT MORLIÈRE, général directeur de la cavalerie, à Paris.
DE LA ROQUE, général commandant la 14e brigade de cavalerie, à Valence.
RENAUDOT (Alexandre), général commandant la 15e brigade de cavalerie, à Marseille.
RAIMOND (Elisée), colonel commandant le 3e de hussards.
DE VERRIÈRES (Raoul-Maximilien-François, B.), chef d'escadrons.
DARCY (Georges-Léon), chef d'escadrons.
MAROCHETTI (Félix-André), major.
DEMANDRE (Abel-Hilaire), médecin-major de 2e classe.
FOULC (Emilien-Paul), capitaine.
CARRELET (Marie-Frédéric-Henri), capitaine.
LARIVE (Eugène), capitaine.
D'ANSELME (Gaston-Joseph), capitaine.
CAILLIBEAU (Joseph), capitaine.
MALHOMÉ (Alexandre-Marie-Vincent), lieutenant.
DE CARBONEL (Auguste-François-Marie), lieutenant.
FAUCONNIER (René-Marcel), lieutenant.
DE BILLY (Henri-Marie-V.), lieutenant.
CHAINDÉ (Maurice-Edgar), lieutenant.
DEBRADE (Ferdinand), vétérinaire en deuxième.
MOLÈRE (Théodore), lieutenant adjudant au trésorier.
D'USSEL (Marc-Annet-Marie), sous-lieutenant.
DEPASSE (Hyacinthe-Emile-Eugène-Marie), sous-lieutenant.
BLANC (Claude-Joseph-Georges), sous-lieutenant.
DELORME (Olivier-Henri-François-Léon), sous-lieutenant.
DURAND (Henri-Joseph), sous-lieutenant.
DEMACHY (Albert), sous-lieutenant.
TOURNIER (Rodolphe), adjudant.
GUICHARD (Victor), adjudant.
LECONTE (Adolphe), adjudant.
MINET (chef-armurier).
GODARD (maître-sellier).
STÉFANINI (maître-bottier).
MOELINGER (maître-tailleur).
FOSSAT (Eugène), maréchal des logis, maître d'armes.
AUMÉRAS (Alphonse), maréchal des logis chef.
PRESSAC (Camille-Gabriel), maréchal des logis chef.
JUDLIN (Emile-Charles-Joseph), maréchal des logis chef.

Pacoret de Saint-Bon (Jacques), maréchal des logis chef.
Garonne (Isidore), maréchal des logis chef.
Camproux (Albert), maréchal des logis.
Lateulère (Jean-Louis-Paul-Charles), maréchal des logis.
De Coucy (Louis), maréchal des logis.
Dalloz (Charles), maréchal des logis.
Bertrand (Louis), maréchal des logis.
Desloges (Charles), maréchal des logis.
De Leusse (Henri), maréchal des logis.
Chambron (Henri), maréchal des logis.
Curie (Pierre), maréchal des logis.
Berthon (Joseph), maréchal des logis.
Gormand (Adolphe), maréchal des logis.
Chorier (Edmond), maréchal des logis.
Choussy (Albert), maréchal des logis.
Mercier (Antoine), maréchal des logis.
De Demandolx-Dedons (Raoul), maréchal des logis.
Esghennbrenner (Charles-Louis), maréchal des logis fourrier.
Autrand (Félix), maréchal des logis fourrier.
Vey (Henri-Denis-Léon), maréchal des logis maître-maréchal.
Carles (Joseph), brigadier-fourrier.
Paris de Tréfonds d'Avancourt (André), brigadier-fourrier.
Jaillet (Pierre), brigadier-fourrier,
Devie (Auguste), brigadier-maréchal.
Deschamps (François), brigadier-maréchal,
Charbonnier (Louis), brigadier-maréchal.
Abrial (Denis), brigadier trompette.
Faure (Louis-Henri), brigadier.
Lafite (Louis), brigadier.
Sabattièr (Auguste), brigadier.
Veyron (Joseph), brigadier.
Champetier (Albin), brigadier.
Coussirat-Coustère, brigadier.
Guey (Louis), brigadier.
Guichard (Camille), brigadier.
Coullomb (Jean), brigadier.
Guyet (Joseph), brigadier.
Bergeron (Émile), brigadier.
Melle (Albert), brigadier.
Allègre (Adolphe), brigadier.
Chalamel (Emile), brigadier.
Jullian (Paul), brigadier.
Chiron (Félix), brigadier.
Serve (Joseph), brigadier.
Fournet de Vaux (Charles), hussard.
Pouzols (Etienne), hussard.
Chambe (Léon), hussard.
Cornet (Pierre), hussard.
Morin (Etienne), hussard.
Achard (Claude), hussard.
Coulombeix (Pierre), hussard.
Bonfils (Louis), hussard.
Martin (Jean), hussard.

Rossiére (Félix), hussard.

Sauvignet (Jules), hussard.

Alexandre (Léon), lieutenant instructeur à l'école préparatoire de cavalerie d'Autun.

Baudoin (L.) et Cⁱᵉ, libraires à Paris.

Besaucèle (F-S.), ex-colonel du 3ᵉ de hussards.

Beuve (Arthur), chef d'escadrons au 4ᵉ chasseurs d'Afrique, la Manouba (Tunisie).

Bibliothèque de l'Ecole supérieure de guerre, à Paris.

Bibliothèque du cercle des officiers de Nantes.

Bibliothèque du 15ᵉ régiment de dragons, à Libourne.

Borelly (L.-A.), capitaine au 1ᵉʳ régiment de spahis, à Médéa (Algérie).

Borrani (Ch.), libraire à Paris.

Bost (Geoffroi), voyageur de commerce, à Philippeville (Algérie).

Bost (Geoffroy), capitaine à l'école militaire préparatoire de cavalerie, à Autun.

Canésie (Alfred), chef d'escadrons en retraite, à Bergerac (Dordogne).

Carbonnel de Canisy (A.-L.-M.-E.), capitaine-instructeur d'équitation à l'école de cavalerie à Saumur.

Chevassus (L.-J.), capitaine en retraite, à Cousance (Jura).

Clouzot (L.), libraire, à Niort.

De Bar (E.-G.), capitaine commandant au 16ᵉ chasseurs (Auxonne).

De Beaurepaire de Louvagny (P., Vicomte), au Quesnay (Calvados).

De Bourqueney (vicomte), lieutenant au 23ᵉ dragons, à Tours.

De Brem (Paul), chef d'escadrons au 17ᵉ chasseurs, à Limoges.

De Cabrières (A.-F.-M.-C.), ex-lieutenant au 3ᵉ hussards, à Paris.

De Carayon la Tour (Henri), chef d'escadrons au 11ᵉ cuirassiers, à Niort.

De Gain (D.-M.-L.-A.), lieutenant au 10ᵉ hussards (détaché à Saumur).

De Girardin (J.-M.-E.), lieutenant colonel du 18ᵉ chasseurs, à Rambouillet.

De Juzancourt (G.), major du 4ᵉ cuirassiers à Lyon.

De Lesparda (Paul), capitaine démissionnaire, à Gouze (Basses-Pyrénées).

Delmas (Jean), à Aurillac (Cantal).

De Loiray (G. de Salmon), lieutenant, officier d'ordonnance de M. le général commandant la 6ᵉ division de cavalerie à Lyon.

De Lur-Saluces (comte Pierre), capitaine démissionnaire, au château de Malle (Gironde).

De Marcé (vicomte Fernand), capitaine commandant du 3ᵉ hussards, démissionnaire, au château de Maurivet (Deux-Sèvres).

De Maynard (H.), chef d'escadrons de cavalerie en retraite, à Vivier (Dordogne).

De Mornay-Soult de Dalmatie (comte), chef d'escadrons au 12ᵉ régiment de chasseurs à Rouen.

De Prémare (A. Dumouchel), capitaine au 3ᵉ de hussards, en retraite, à Eu (S.-I.)

De Rochefort-Sirieyx (baron F.), à Moulins (Allier).

De Vibraye (L.-M.-M.-H. vicomte), major au 7ᵉ chasseurs, à Moulins.

Donop (Raoul), colonel, directeur de la cavalerie, à Paris.

Ducᵗ saing de Ratevoult (L.), chef d'escadrons commandant le dépôt de remonte de éret.

Durand (L.-P.-E.-A.), lieutenant au 3ᵉ hussards (détaché à Saumur).

Fenouil (Camille), capitaine-trésorier, école de cavalerie à Saumur.

Fesquet (Léandre), vétérinaire en premier au 38ᵉ régiment d'artillerie à Nîmes (Gard).

Garnier (J.-B.-E.-A.), capitaine de gendarmerie, à Châlon-sur-Saône.

Garonne (Pierre), propriétaire à Lyon.

Gaulon (Ch.), libraire commissionnaire, à Paris.

Grampa (Joseph), photographe, 168, rue Garibaldi, à Lyon.

Habert (J.-V.-A.), lieutenant au 3ᵉ régiment de chasseurs, à Abbeville (Somme).
Jannot, fournisseur de l'armée depuis 39 ans, 173, rue Pierre-Corneille, à Lyon.
Le François (Emile), libraire, officier de l'armée territoriale, à Paris.
Légier (A.-V.), capitaine d'habillement, école de cavalerie, à Saumur.
Leleu (Henri), ex-maréchal des logis fourrier au 3ᵉ hussards, au Havre.
Lemoigne (A.), libraire commissionnaire, à Paris.
Lucas (Adolphe), élève officier (3ᵉ hussards), à Saumur.
Masson (Frédéric), à Paris.
Milon (Stéphane), libraire-éditeur, à Saumur (Maine-et-Loire).
Nachon (F.-J.-B.), capitaine en retraite, 1, quai Pierre, Scize (école vétérinaire, à
    Lyon.
Pédone-Lauriel, libraire, à Paris.
Perez (C.-A.-M.), chef d'escadrons au 5ᵉ chasseurs, au château de Moncla (Gers).
Pinston (G.), tailleur civil et militaire, 60 rue de l'Hôtel-de-Ville, à Lyon.
Rainaud (Philippe), ex-sous-officier de hussards à Saint-Laurent-d'Aigouze.
Ramotowski (L.-T.), chef d'escadrons, école de cavalerie à Saumur.
Richard (Jules), homme de lettres, à Paris.
Rigaut (C.), ex-sous-officier au 3ᵉ de hussards, premier prix au concours hippique
    de Lyon (1882) à Paris.
Robiou (Léon), capitaine au 12ᵉ hussards, à Paris.
Rolland (Isidore), ex-maréchal des logis au 3ᵉ hussards, viticulteur, à Villefran-
    che-sur-Saône (Rhône).
Roubaud (E.), à Saint-Mandé (Seine).
Ruegg (Henri), négociant, à Lyon.
Sestac (V.), ex-sous-officier du 3ᵉ de hussards, lieutenant au 11ᵉ de hussards à
    Valence.
Sidot frères, libraires, à Nancy.
Tilliard (Alfred), sous-lieutenant, école de cavalerie à Saumur.
Voelckel (P.), lieutenant au 9ᵉ hussards, à Belfort.
Brockhaus (F.-A.), libraire, à Leipzig.
Escary (Joseph), libraire, à Buenos-Aires.
Riedel (Théodore), libraire, à Munich.

TABLE ALPHABÉTIQUE

DES MILITAIRES HONORABLEMENT CITÉS DANS L'HISTORIQUE

TABLE DES MATIÈRES

Imp. de la Soc. de Typ. - Noizette, 8, r. Campagne-1re, Paris.

Alphonse PIAGET, éditeur, 16, rue des Vosges, Paris

EXTRAIT DU CATALOGUE

LES

PREMIÈRES ILLUSTRÉES

Les *Premières illustrées* — vingt-quatre livraisons par an — paraissent pendant la saison théâtrale par fascicules de huit pages, sur très beau papier grand aigle. Chaque fascicule, renfermé dans une élégante couverture, contient : 1° un compte rendu de la pièce à succès, comprenant une analyse de l'œuvre nouvelle ; 2° des croquis de décors, de scènes et de costumes, des portraits, des culs-de-lampe, des têtes de page et des lettres ornées ; 3° un magnifique hors-texte, en couleur, ou en taille-douce, donnant la scène principale, le clou de la pièce, avec le portrait des artistes ou de l'auteur.

Abonnement, par an . . . . **24** »

Le numéro **1 50**

Chacune des six années parues se vend, brochée. . . . . **24** »

Cartonnée avec couverture toile et or ou argent, dessin
en relief de *Choubrac*. . . . . **25** »

SOMMAIRE DES ANNÉES PARUES

1re ANNÉE, 1881-82
Préface de HENRI MEILHAC

1. Lili.
2. Serge Panine.
3. Le Petit Faust.
4. Odette.
5. Les Rantzau.
6. Boccace.
7. Quatre-vingt-treize.
8. Françoise de Rimini.
9. Othello
10. Les mille et une nuits.
11. Le jour et la nuit.
12. Madame le Diable.

2e ANNÉE, 1882-83
Préface de LUDOVIC HALÉVY

1. Tête de linotte.
2. Madame Thérèse.
3. Le truc d'Arthur.
4. Fanfan la Tulipe.
5. Le cœur et la main.
6. Le roman parisien.
7. Gillette de Narbonne.
8. Le roi s'amuse.
9. Fœdora.
10. Mam'zelle Nitouche.
11. Henri VIII.
12. Princesse des Canaries.
13. Lackmé.
14. L'as de trèfle.

LES PREMIÈRES ILLUSTRÉES

SOMMAIRE DES ANNÉES PARUES *(Suite)*

3ᵉ ANNÉE, 1883-84
Préface de VICTORIEN SARDOU

1. Ma camarade.
2. Madame Boniface.
3. Le roi de carreau.
4. François les Bas-Bleus.
5. Severo Torelli.
6. Simon Bocannegra.
7. La farandole.
8. Le maître de forges.
9. Trois femmes pour un mari.
10. Manon.
11. Babolin.
12. Le Train de plaisir.
13. Sapho.
14. Les autres pièces.

4ᵉ ANNÉE, 1884-85
Préface de HENRY BUGUET

1. Théodora.
2. Id.
3. Id.
4. Id.
5. Denise.
6. Voyage au Caucase.
7. Messalina.
8. Messalina.
9. Clara Soleil.
10. Une nuit de Cléopâtre.
11. Petits mousquetaires.
12. Le grand Mogol.
13. Le prince Zilah.
14. Sigurd.

5ᵉ ANNÉE, 1885-86
Préface de JULES CLARETIE

1. Antoinette Rigaud.
2. Mon oncle.
3. Le petit Poucet.
4. Le Cid.
5. Id.
6. La fauvette du Temple.
7. Sapho.
8. Plutus.
9. Id.
10. Une mission délicate.
11. Les noces improvisées.
12. Joséphine vendue par ses sœurs.
13. Songe d'une nuit d'été.
14. Chamillac.
15. Bigame.
16. Le bonheur conjugal.
17. Les Jacobites.
18. Id.
19. Un parisien.
20. Serment d'amour, etc.
21. Id.

6ᵉ ANNÉE, 1886-87
Préface de ALBIN VALABRÈGUE

1. Monsieur Scapin.
2. Hamlet.
3. Id.
4. Egmont.
5. Gotte.
6. La cigale et la fourmi.
7. Un conseil judiciaire.
8. Le fils de Porthos.
9. Les femmes collantes.
10. Le crocodile.
11. Id.
12. Id.
13. L'Odéon.
14. L'Odéon.
15. La comtesse Sarah.
16. Patrie. Les deux pigeons.
17. Id.
18. Francillon.
19. Numa Roumestan.
20. Ventre de Paris.
21. Renaissance.
22. (N° double). Opérettes et Vaud.
23. Proserpine, Lohengrin, le Roi malgré lui.
24. Renée, Cléopâtre, Raymonde, Vincenette.

COLLECTION JOYEUSE A 5 FR. LE VOLUME IN-8° CAVALIER

TIRAGE A PETIT NOMBRE SUR PAPIER DU JAPON

à 20 fr. le volume.

ANGE BÉNIGNE. — *A demi-mot.* Dessins de Parys.

CLADEL (L.) — *Petits cahiers.* Dessins de Gambard.

Les Contes de Figaro, par les collaborateurs du FIGARO. Dessins de Myrbach.

DE LYNE (H.) — *Le lieutenant Cupidon.* Dessins de Jeanniot.

GUY DE MAUPASSANT.— *Clair de lune.* Dessins de Roy, Grasse, Merwart, Adrien Marie, Rochegrosse, etc.

GUY DE SAINT-MÔR. — *Péchés mortels.* Dessins de Bac, Mars, Roy, Rochegrosse, etc.

DUBARRY (A.) — *M. le Grand-Turc.* Dessins de Orazi, etc.

DUBUT DE LAFOREST. — *Contes à la paresseuse.* Dessins de Lunel, Fau, etc.

FOLEY (C.) — *Les Saynètes.* Dessins de Roy.

GAYDA (J.) — *Ce brigand d'amour.* 8 eaux-fortes de Legrand.

LAVEDAN (H.) — *Reine Janvier.* Dessins de Gorguet.

LEMONNIER (C.) — *Les Concubins.* Dessins de Fau.

MAISONNEUVE (TH.) — *Amours de Fauves.* Dessins de Bac, Fau, etc.

MENDÈS (C.) — *Lila et Colette.* Dessins de Roy et Gambard.

MONTAGNE (E.) — *La feuille à l'envers.* Dessins de Gorguet et Fau.

PELADAN (J.) — *Femmes honnêtes.* Dessins de Rops et Bac.

RICHARD (CH.) — *Malingreux.* Dessins de Gambard.

TALMEYR (M.) — *Histoires joyeuses et funèbres.* Dessins de Lunel.

ULBACH (L.) — *Amants et Maris.* Dessins de Bac.

COLLECTION IN-18, A 3 FR. 50 LE VOLUME

BLANCHET DE MUSSY. — *L'Actionnaire Merluchon.* Illustré.

BEAUMANOIR (R.) — *Harper's Ferry.*

CARAGUEL (J.) — *Les Barthozouls.*

CLADEL (L.) — *Mi-Diable.* Illustré.

— *Gueux de marque.*

CONTI (H.) — *Vierge et Mère.*

DURANTIN (A.) — *Le carnaval de Nice.*

DUVAL (G.) — *Fils du Loups.*

GANDILLOT (L.) — *Vers amoureux.*

LEMONNIER (C.) — *Le Mort.* Dessin de Meunier.

LORY-DABO. — *Le Tueur de gueuses.*

MANOËL DE GRANDFORT. — *Confessions féminines.* Illustré.

MENDÈS(C.)—*Robe montante.* Dessin de Roy.

RACHILDE. — *Nono.*

— *La virginité de Diane.* Illustré.

ROCHEFORT (H.) — *50 pour 100.*

ROUQUETTE (J.) — *Ce que coûtent les femmes.*

SAUTON (G.) — *Les Détraquées.*

SAUVENIÈRE (A. DE) — *Idylle rouge.*

SIRVEN (A.) — *Étiennette.*

TINCHANT (A.) — *Les Fautes.* Illustré.

VARD (A.) — *Heures noires. Poésies.*

VILLIERS DE L'ISLE-ADAM (Cte de). — *L'Eve future.*

VILLIERS DE L'ISLE-ADAM (Cte de).—*L'amour suprême.* Dessins de Gorguet.

BRETAGNE
Par HENRI DU CLEUZIOU

Le pays de Léon. Illustrations de Th. Busnel. Ouvrage complet. 2 vol. in-8º cavalier. Prix : **10** fr.
Chaque volume se vend séparément **5** fr.

OUVRAGES MILITAIRES

LE CAVALIER MISEREY
PAR
ALBERT HERMANT

Belle publication grand in-8º jésus, illustrée d'environ 200 dessins dans le texte et de 30 planches hors texte reproduites en typogravure.

L'ouvrage paraîtra en 30 livraisons de 16 pages, à partir du 15 novembre prochain. Prix de chaque livraison, renfermée dans une élégante couverture . . . . **0** fr. **25**

Le volume complet sera mis en vente fin décembre, au prix de :

7 *fr.* **50**, *broché ;* **12** *fr., relié.*

BOURNAND (François)

Le Régiment de Sapeurs-Pompiers de Paris

Beau volume in-4º jésus. contenant 40 dessins inédits dont 8 grandes compositions hors texte par CHARLES MOREL. . . . . **12** fr.

DUPUY (RAOUL)

Historique du 3ᵉ régiment de Hussards

Illustrations de ALFRED PARIS.

Beau volume in-8º jésus. imprimé avec soin sur papier vélin. . . **10** fr.

50 exemplaires sur hollande, à **20** *fr.*
20 exemplaires sur japon, à **40** *fr.*
1 exemplaire sur parchemin, avec les originaux des dessins et une double suite des gravures en noir et en couleur. Prix : **800** *fr.*

RICHARD (JULES)

Le Salon Militaire

Publication de luxe illustrée, reproduisant, par la photogravure, les principales œuvres de peinture et de sculpture militaires exposées chaque année au Salon.

Le Salon militaire paraît en 12 livraisons hebdomadaires in-4º, imprimées sur beau papier vélin, contenant chacune 8 pages de texte et 4 photogravures.

Prix de chaque livraison : **2** *fr.* **50**

En vente : **Le Salon militaire**, années 1886 et 1887. Chaque année forme un magnifique volume in-4º, illustré de 50 belles photogravures. Prix de chaque volume :
Broché. . . . . **35** fr.
Relié toile, tête dorée . . . . **38** fr.
— drap garance (soldat), tête dorée. **40** fr.
— — (sous-officier), tête dorée . . . . . . **42** fr.
Tirage de luxe : 4 ex. sur japon, photogravures sur parchemin avant lettre, **125** fr.; 26 ex. texte et photogravures avant lettre, sur japon, **75** fr.; 570 ex. sur hollande, photogravures sur chine, **50** fr.